천국 이야기

천국 이야기

발행일	2020년 3월 18일

지은이	진묵		
펴낸이	손형국		
펴낸곳	(주)북랩		
편집인	선일영	편집	강대건, 최예은, 최승헌, 김경무, 이예지
디자인	이현수, 김민하, 한수희, 김윤주, 허지혜	제작	박기성, 황동현, 구성우, 장홍석
마케팅	김회란, 박진관, 조하라, 장은별		
출판등록	2004. 12. 1(제2012-000051호)		
주소	서울특별시 금천구 가산디지털 1로 168, 우림라이온스밸리 B동 B113~114호, C동 B101호		
홈페이지	www.book.co.kr		
전화번호	(02)2026-5777	팩스	(02)2026-5747

ISBN	979-11-6539-126-3 03230 (종이책)	979-11-6539-127-0 05230 (전자책)

이 도서의 국립중앙도서관 출판예정도서목록(CIP)은 서지정보유통지원시스템 홈페이지(http://seoji.nl.go.kr)와
국가자료공동목록시스템(http://www.nl.go.kr/kolisnet)에서 이용하실 수 있습니다.
(CIP제어번호: CIP2020011301)

천국 이야기

고 단 한 현 실 을 살 아 가 는 가 장 현 명 한 방 법

진묵 지음

북랩 book Lab

| 차 례 |

PART 1. 수필

PART 2. 시

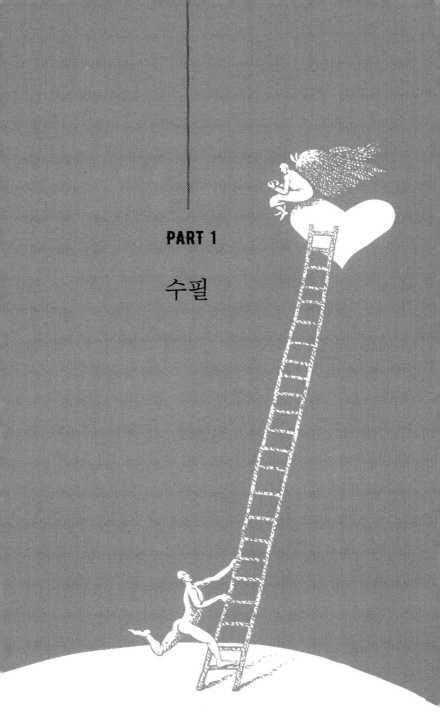

PART 1

수필

지상 연옥 호스피스 병원

꽃

"우리는 그분 안에서 숨 쉬고 움직이며 살아간다"(사도 17:18). 천사는 죽음을 앞둔 어느 호스피스 병동으로 나를 이끌어 주었습니다. 그들은 주어지는 하루, 한 시간, 일 분, 일 초마다 감사를 드리며 천국에 가기를 소망하며 하느님, 예수님, 성모님을 사모하며 묵주 기도를 하고 있었습니다. 천사는 저분들은 충분히 선종을 준비하여 대부분 천국으로 온다고 합니다. 교회에서 말하는 연옥이 저 호스피스 병원이라고 일러 줍니다. 죽음을 앞두고 참회의 눈물을 흘리며 모든 고난을 감사로 받아들여 십자가상 예수님의 삶과 사랑을 체험하는 것이랍니다. 그리하여 구원의 믿음이 확실하다고 합니다. 건강하고 행복한 신자들도 호스피스의 병원의 병든 사람들 같은 마음으로 삶을 살아간다면 얼마나 좋을까 하며 탄식을 합니다. 건강한 신자들이 세상의 행복만 추구하고 하느님 은총을 망각하며 사는 것이 안타깝다고 합니다. 우리는 가끔이라도 그분의 은총을 느끼며 사는 것이 장수하는 축복의 근원이라고 천사는 말합니다.

복음 전하는 모습

"그러므로 믿음은 들음에서 오고 들음은 그리스도의 말씀으로 이루어집니다"(로마 10:17). 하늘나라에서는 전교를 어떻게 생각하고 있는지 천사에게 물었습니다. 첫째, 말로 하느님 말씀을 전하는 것이 최고이지만 사전에 대상을 정하고 끊임없이 그를 위하여 기도해야 합니다. 그리고 영적, 물적 헌신을 하여야 합니다. 둘째, 그가 그리스도의 사랑과 향기를 느낄 수 있도록 내 삶을 반듯하게 살아야 합니다.

셋째, 전교 대상자의 장점은 보아서 칭찬해 주고 단점은 관대하게 보아 주어야 합니다. 예수님께서 죄인들과 늘 함께하시며 그들의 죄를 사하고 용서를 해 주었듯이 우리도 그런 이해와 관용이 있어야 전교할 수 있다고 말해 줍니다. 넷째, 가능하면 전교한 사람과 영원히 예수님 포도나무 줄기에 붙어서 기도로 함께 가야 한답니다. 그렇게 하여 한 영혼을 구원의 대열에 끼게 한 사람은 그 가정과 교회에 큰 축복이라고 합니다.

미사

미사는 지상 교회와 천상 교회가 함께 하느님께 예수님을 제물로 올리는 제사입니다. 나는 교리서에서 막연하게 배웠던 미사와 천사가 안내한 미사 모습을 보면서 큰 충격과 감명을 받았습니다. 미사 한대가 사제에 의해 지상 교회에서 진행될 때 천상 교회에서도 그 미사를 함께하여 천사들이 지상 교회의 사제를 수호하고 하느님이 온전히 미사를 받으실 수 있도록 한답니다. 특히 간절하고 정결하고 정성 어린 믿음과 희망, 사랑을 가지고 미사에 참례하면 충분한 은총을 받으며 성령이 충만해지며 사제를 통하여 영성체를 모실 때마다 우리의 몸과 마음이 조금씩 성화되어 간답니다. 그래서 매일 미사의 은총은 세상의 소중한 보물보다 더 큰 보물이랍니다. 각종 질병과 사건 사고의 예방약이랍니다. 새 생명의 샘이랍니다. 그래서 매일 미사를 드리면 지상 교회와 천상 교회의 기묘한 체험을 할 수 있고 예수님께서 현존하시는 현장이 바로 매일 미사 때 모시는 성체에 있다고 천사는 말합니다.

고해성사

"성령을 받아라. 누구의 죄든지 너희가 용서해 주면 그들의 죄는 용서받을 것이고 용서해 주지 않으면 용서받지 못한 채 남아 있을 것이다"(요한 20:22~23). 예수님께서 제자들에게 천국 열쇠의 권한을 주시고 지상 교회 사제들에게 주교의 권한인 죄인을 용서하는 사죄경을 위임받아 행사하는 모습을 보여 주었습니다. 한 죄인이 고해실로 들어가는 모습이 보이니 천상에서 천사들이 고해실을 감싸고 누구도 사제의 직무 수행을 방해하지 못하도록 했습니다. 고해성사는 천국 교회와 지상 교회가 상통해야 죄 사함의 효력이 발생한답니다. 고해소는 성령님과 천사가 상존하여 사제와 신자의 대화를 실시간으로 하늘로 중계하여 하늘의 죄명부에서 사죄경이 끝나자마자 고해자의 죄를 삭제한답니다. 고해성사는 신자가 누리는 최고의 축복이며 소중한 은총이랍니다. 물론 사제가 주는 보속은 하늘이 내리는 은총으로 정성껏 실천해야 한답니다. 같은 죄를 범하지 않는 것이 상책이지만 같은 죄를 지었을 때 또다시 고해성사를 하면 더 큰 은총을 받는답니다.

구원을 받는다는 것은

"이분을 힘입지 않고는 아무도 구원받을 수 없습니다. 사람에게 주신 이름 가운데 우리를 구원할 수 있는 이름은 이 이름밖에는 없습니다"(사도 4:12). 우리가 구원을 받는다는 사실은 모든 죄에서 해방되고 죄책감을 씻어 버리는 데 있다고 합니다. 예수님의 십자가 보혈의 참상이 우리들의 구원의 근원이랍니다. 예수님 이름으로만 구원을 받을 수 있다는 것입니다. 그분으로부터 파견된 성령님과 사제가 거행하는 합법적인 세례에 의하여 우리는 세례 전의 모든 죄악을 씻고 성령의 새 사람, 천상의 인증을 받은 신자가 된답니다. 베드로의 생명책에 기록되어 천국 국민이 된다고 합니다. 우리를 성령으로 무장하고 성경 말씀을 가슴에 새겨야 영원한 삶이 유지된다고 합니다. 그래도 세상을 살다 보면 칠죄종의 덫에 걸려 헤어나기 힘들답니다. 그래서 고해성사가 있는 것이랍니다. 고해성사로 세례 성사의 은총이 회복된다고 합니다. 천사는 천국의 은총을 늘 유지하기를 주문합니다. 최상의 길은 매일 미사에 참례하는 것이며 묵주 기도와 화살기도를 일상화하라고 합니다. 천사는 말해 줍니다.

좁고 곧은 이 길

꧁꧂

"아! 좁고 곧은 이 길로 걷기를 원하는 사람이 나 말고는 없단 말인가? 우리는 우리들을 사랑하시는 이로 말미암아 넉넉히 승리한다." 천로역정에 나오는 이야기입니다. 사람들은 편안하고 좋은 길, 보기에 아름답고 쉬운 길을 갑니다. 가시가 있는 돌멩이길은 갈 생각을 못 합니다. 조금만 센 바람이 불어도 조금만 센 파도가 쳐도 절망을 하고 가는 길에서 멈추고 쓰러집니다. 그러나 하느님 자녀, 그분의 인 침을 받은 사람은 용기 있게 일어나 다시 인내하며 갈 길을 가게 됩니다. 가다가 혹시 쓰러지더라도 또 천상의 희망을 품고 주시는 용기로 좁고 올바른 예수님의 길을 갈 수 있다고 합니다. 천국으로 가는 길은 절대 쉽지 않고 고통스러우며 괴로운 길이 될 수 있지만 성령의 끊임 없는 도움으로 가능하고 즐겁고 기쁘고 행복한 길이 될 수도 있다고 합니다. "할렐루야, 행복하여라. 주님을 경외하고 그분의 계명들로 큰 즐거움을 삼는 이! 그의 후손은 땅에서 융성하고 올곧은 이들의 세대는 복을 받으리라. 부와 재물이 그의 집에 있고 그의 의가 길이 존속하리라"(시편 112:1~3). 천사는 좁고 올곧은 길을 택하라고 말해 줍니다.

천국은 공정과 정의의 나라입니다

❧

"다윗은 온 이스라엘을 다스리며, 모든 백성에게 공정과 정의를 실천하였다"(2사무 8:15). 하늘나라가 이 지상 교회와 일치하여 운행된다는 사실을 알고 저는 천사와 소통하는 기적을 체험하며 성경을 가까이 두고 읽으니 실감이 납니다. 그동안 남다르게 유난히 큰 고통이 나에게 있었는데 그것이 오히려 나에게 큰 은총으로 왔으니 얼마나 행복한지 모릅니다. 천국은 공정과 정의의 나라입니다. 하느님의 자비와 사랑이 누구에게나 넘치는 은총이지만 지상에서 공정과 정의를 실행하고 말한 사람이 하느님의 자비와 사랑을 풍성하게 받아 누린답니다. 요즘 지상 교회나 신자들이 공정과 정의를 멀리하고 눈앞의 이익만을 탐하고 있어 천국에 근심 걱정에 휩싸이곤 한다고 합니다. 새로운 마음가짐을 가지고 살아야 지상 교회와 천국이 행복할 수 있다고 천사는 근심 어린 말을 해 줍니다.

천국의 부귀영화

천국에서도 지상에서처럼 빈천 부귀가 있었습니다. 불행한 것은 지상에서 떵떵거리며 거드름을 피우며 살았던 부자 신자는 천국에서 천민으로 살고 지상에서 믿음도 좋고 착실하게 이웃들에게 사랑을 나누며 자비하게 산 신자들은 천국의 온갖 영화를 보면서 지상의 부자보다 더 큰 부귀를 누렸다는 점입니다. 우리가 잘 아는 부자와 거지 나사로의 삶이 죽어서 천국에서는 지상과는 정반대 신분이 된 사실을 우리는 잘 압니다. 그것이 성경에 나온 단순한 우화가 아니고 지금도 천국과 지상에서 일어나고 있는 현실임을 우리는 명심하고 살아야 한답니다. 지상에서 공정과 정의로 올바른 길을 간다면, 즉 이웃에게 관심을 가지고 상세하게 보살펴 주는 신자는 천국에서도 부귀영화를 누린답니다. 같은 처지에서 부자가 좀 더 관심을 가지고 나사로를 보살피고 좋은 옷도 음식도 나눴다면 틀림없이 천국에서 그렇게 아브라함 성조에게 안겨서 호화롭게 살아가는 나사로에게 물 한 모금 얻으려 하지 않아도 될 것이라고 천사는 말해 주었습니다.

천국 직행버스

천국에 있는 어느 성으로 천사가 나를 인도해 갔습니다. 그곳에는 예수님과 많은 어린이가 있었습니다. 우리나라 사람들도 많았고 지상에서 천수를 누리고 이곳 어린이 성에서 어린이들과 행복하고 기쁘게 살아가는 어른들도 계셨습니다. 안나 할머니는 요양병원에서 삼십 년을 사시며 아기가 되어 주변 사람들을 웃기며 기쁨과 행복을 주었다고 합니다. 그 모습 그대로 예쁜 모습으로 예수님과 즐거운 한때를 보냈습니다. 그렇게 세상 탐욕에 때 묻지 않은 어린이들이 모였기에 예수님께서 천국에는 어린이처럼 되어야 갈 수 있다고 강조하셨습니다. 그곳은 늘 평화롭고 자애로운 천국 중에서도 으뜸인 곳입니다. 예수님께서 자주 방문하시니 그렇다고 합니다. 갓 태어난 어린아이처럼 순수하고 청량하게 모든 것을 하늘의 뜻과 도움으로만 살아가는 어린이 마음을 벤치마킹하며 살아가면 천국 직행버스를 탈 수 있다고 천사는 말해 줍니다.

사라에게 기쁨을 준 하느님

"사라가 말하였다. '하느님께서 나에게 웃음을 가져다주셨구나'. 이 소식을 듣는 이마다 나한테 기쁘게 웃어 주겠지"(창세 21:6). 천국에선 구약 시대의 인물도 만나고 기적도 재연하여 보여 줍니다. 사라의 기적, 아브라함 나이 백 세에 이삭을 임신한 사라는 기쁘고 행복했지요. 누구도 믿지 못하는 기적이 아브라함과 사라에게 일어났어요. 어떠한 힘도 어떠한 신도 할 수 없는 일, 오직 하느님만이 일으킬 수 있는 기적을 아브라함과 사라의 기도를 들어 응답하셨죠. 수십 년의 간절한 인내와 끊임없는 기도를 듣고 인간의 능력과 생각을 뛰어넘어 아들을 주겠다는 약속을 지키셨습니다. 그래서 그 기적에 감동한 사라가 하느님과 남편 아브라함과 주변 사람들에게 감사하는 말을 합니다. 일평생 아브라함만을 섬기고 그에게 유익함을 주기 위하여 무슨 일이라도 했던 현모양처가 기적의 기쁨으로 보답을 받는 것이랍니다. 하느님은 불법 잉태와 탈법 낙태가 자행되는 현실을 개탄하시며 눈물을 흘리신답니다. 결국 세상은 점점 말세로 가고 있다고 천사는 말해 줍니다.

예수님의 꾸짖음

꒤

"예수님께서는 돌아서서 그들을 꾸짖으셨다"(루카 9:5). 예수님은 늘 공정하고 정의로우시며 약하고 가여운 자기의 적들에게도 사랑을 내어 주었습니다. 그런 예수님께서 지상의 교회와 신자들에게 당신의 분신인 성령님을 보내시어 그분의 정의와 공정, 사랑을 살아 지상 생활을 잘 마치고 당신이 직접 통치하는 천국으로 오기를 바라지만 그분께 직접 선택을 받은 야고보와 요한의 제자들이 사마리아인들이 사는 마을을 지나지 못하게 한다며 하늘에서 유황불을 내려 저들을 모두 없애려고 하니 예수님께서 그들을 꾸짖는 장면입니다. 오늘날 지상 교회에서 예수님 또는 그 제자들로 뽑힘을 받고 살아가는 신자, 수도자, 사제, 주교님들이 예수님 뜻보다는 세상 삶의 현실에 영합하여 가난한 사람들, 자기들에게 바른말 하는 신자들을 깔보며 사랑보다 아픈 상처를 주는 경우가 있는 것을 예수님께서 천국에서 아시고 탄식한답니다. 당신이 지상 생활서 뒤를 돌아보시며 꾸짖듯이 성령님을 통하여 그들을 꾸짖지만 당장 자신의 삶이 편하고 안락하니 그 매너리즘에 빠져 정신 못 차리고 산다고 합니다. 하느님께서도 예수님과 함께 어떤 때는 통곡을 하신다고 합니다. 특히 교회의 지도자들이 교만에 빠져 하느님과 예수님에 대한 두려움을 모르고 돈과 여자에 빠져 사제직까지 버리고 스스로 자기 목숨을 끊는 자도 있다고 합니다. 천사는 예수님께서 되돌아보며 꾸짖는 무서운 모습을 기억하고 살면 좋겠다고 말합니다.

하느님께서 원하는 번제물

그분께서 말씀하셨다. "너의 아들, 네가 사랑하는 외아들 이삭을 데리고 모리아 땅으로 가거라. 그곳, 내가 일러주는 산에서 그를 나에게 번제물로 바쳐라"(창세 22:2). 천사는 온 갖 보석과 금으로 장식된 천국의 건물로 나를 데리고 갔습니다. 그곳은 세상 교회에서 자기의 가장 귀중한 것을 바친 사람들이 모여 사는 곳입니다. 아브라함은 백 세에 얻은 자 기 생명과 같은 이삭을 번제물로 바치라 하니, 즉시 준비하고 가장 소중한 아들을 데리고 하느님이 지시하는 산으로 이삭을 데려가서 번제물로 이삭을 잡으려 합니다. 그때 하느님은 아브라함이 행동을 멈추게 하고 당신이 직접 마련한 제물을 바치도록 했습니다. 그리고 아브라함을 지상과 천국의 성조로 삼으셨습니다. 우리들이 세상과 천국의 행복을 누리려면 자기의 소중한 재능, 재산, 보물 등을 하느님 일에 헌신해야 지상과 천국에서 그 복을 누릴 수 있다고 합니다. 거지도 부자에게 얻어먹는 처지였지만 늘 자신의 처지를 비관하거나 불평하지 않고 바르게 살아가려고 했습니다. 그러니 천국에서 아브라함 품에 안기게 되었답니다. 천사는 세상살이가 빠듯하여 시간도 재산도 희생하지 않고 자신만을 위하여 살면서 온갖 핑계로 살아가는 사람들이 많다고 합니다. 그런 사람들을 하느님께서 걱정한다고 천사는 말해줍니다.

야곱의 장자권

"그러나 야곱은 '형의 맏아들 권리를 내게 파시오' 하고 말하였다"(창세 25:31). '성경에서 이렇게 야비한 이야기가 등장하다니' 하는 생각을 하지만 하느님 당신이 쓰실 인재를 등용하는 모습은 일반적인 세상적 관점에선 알 수가 없었습니다. 천국의 입장에서 보면 에서는 들판을 돌아다니며 사냥하기와 노는 것을 좋아하는 사람이었습니다. 야곱은 아버지 어머니 곁에서 신앙도 배우고 사랑받는 아들이 되었습니다. 어머니 사랑을 독차지했습니다. 그리하여 에서의 장자권을 차지했습니다. 이삭으로부터 장자에게 주는 하늘과 땅의 축복을 받기를 간절히 소망했기 때문이죠. 하느님은 야곱을 선택하여 열두 지파의 기둥들을 낳게 하셨습니다. 그러나 고진감래(苦盡甘來)의 법칙은 하느님이 선택한 사람들에게 철저한 법칙으로 적용됩니다. 야곱은 외삼촌 라반 집에서 죽을 고생을 다 했습니다. 그러나 야곱은 하느님의 선택을 받았기에 그 모든 고난을 이겨내고 천국 희망을 품고 열심히 일하여 복된 삶을 누리며 열두 지파 가문의 수장이 되었습니다. 천사는 우리도 일단 천국으로 가는 희망을 품고 살면서 지상에서도 자신과 가정, 사회, 국가 나아가 하느

님 나라를 위하여 헌신하고 희생하면 지상과 천국에서 축
복된 삶을 살 수가 있다고 말합니다.

현명한 신자

"허무로다, 허무! 코헬렛이 말한다. 모든 것이 허무로다"(코헬 12:8). 야곱은 형에게 장자권을 빼앗아 평생 고생하다가 사는 동안 자기가 애지중지하던 아들과 생이별하는 슬픔 속에서 살면서 가끔 인생의 허무를 부르짖었습니다. 만약 하느님과 천국의 희망이 없다면 이 세상의 모든 것이 허무로다. 과연 지상과 천국은 늘 연결되어야 세상의 모든 것에 의미를 부여할 수 있고 우리들의 삶에 대한 헌신과 봉사, 감사를 드리며 모든 것이 허무하지 않고 새 하루를 선물 받으며 행복할 수 있습니다. 우리들 탐욕과 미움, 교만, 어리석음 등에 의하여 생긴 모든 것은 허무 자체 그대로지만 사랑과 용서, 자비, 자선, 성령의 열매들은 희망과 빛을 주는 영원한 유산입니다. 코헬렛은 다윗의 아들로 왕이니 세상의 온갖 부귀영화를 누리는데 현명한 군주는 세상의 모든 것이 천국과 이어지지 않으면 아무것도 아니라고 합니다. 천사는 모든 신자가 코헬렛서를 읽어 현명한 신자가 되기를 원했습니다.

꿈풀이하는 요셉은
하느님과 파라오의 중간자

❦

"요셉이 파라오에게 대답하였다. 저는 할 수 없습니다만, 하느님께서 파라오께 상서로운 대답을 주실 것입니다"(창세 41:16). 천사는 신자들도 예언의 은총을 받고 꿈을 해몽할 능력을 주시지만 돈벌이 수단으로 사용하면 바로 그 은총을 거둬가 버린답니다. 그 은총은 복음을 전하여 한 영혼을 구할 수 있을 때, 꼭 필요할 때 사용하면 그 능력이 살아나고 아름다운 세계를 만들 수 있다고 합니다. 무슨 은총이든 하느님 이름으로 해야만 더 큰 은총을 내린답니다. 요셉이 형들에 의하여 이집트 상인에게 팔리고 파라오 경호 대장 집사로 일하다 제빵장과 시종장의 꿈풀이를 해 주어 그 꿈이 꿈풀이대로 되었습니다. 시종장은 꿈 때문에 고민하던 파라오에게 요셉을 소개해서 꿈풀이를 하기 전에 파라오에게 당신 인간이 하는 것이 아니라 당신의 신 하느님이 꿈풀이를 해 주실 거라고 합니다. 하느님 사람으로서 하느님과 파라오의 중간에서 다만 심부름을 하는 사람이라는 사실을 밝히는 것입니다. 우리도 무슨 일을 하든 하느님께 영광을 드리며 한다면 별 사고 없이 모든 일에서 요셉과 같이 필요할 때마다 함께해 주시고 고난이 복으로 바뀌어 지상

생활에 늘 은총을 주시고 천국에서도 한없는 복을 주신다
고 합니다.

기도는 기적의 열쇠

구약 성경을 보면 하느님의 놀라운 기적들이 많습니다. 그런데 천사는 단언하며 말씀하십니다. 지금 현재 세상을 살면서 느끼며 가만히 살펴보면서 세상이 돌아가는 모습을 보면 그런 기적보다 더 많은 기적이 세상에서 일어나고 있다고 합니다. 요셉이 이집트에 노예로 팔려가서 우여곡절을 겪다가 이집트의 총리대신이 되는데 흉년이 들어 야곱 집안에 양식이 떨어져 죽을 고비를 넘기게 됩니다. 곡식을 미리 비축한 요셉에게 야곱의 아들들이 모두 가서 곡식을 사 오는 그 과정에서 서로 형제임을 알고 아버지 야곱이 오매불망하던 아들을 만났습니다. 어느 성당 자매님이 죽을병에 걸려서 한 달 살기가 힘들다는 이야기를 들은 레지오 단원들이 매일 돌아가며 밤을 함께 새며 하느님, 예수님, 성령님을 부르짖으며 기도하는 모습을 보여 줬습니다. 놀라운 일은 그들이 간절히 기도할 때마다 예수님께서 그들과 함께 치유되도록 그 자매님의 암 부위에 손을 대시는 모습이 보였다는 것입니다. 자매님은 조금씩 나아갔어요. 레지오 단원들이 기도할 때마다 성모님께서 예수님께 그 자매님을 고쳐 달라고 청하셨어요. 요즘 신자들이 기도에 전념하는데 사실은 믿음과 이뤄질 것이란 확신을 갖지 못하고 하는 기도가 많답니다. 그 자매님이 진실한 묵주 기도를 드리자 차츰 치유가 됐듯이 우리의 모든 문제를 하느님 뜻에 고정시키고 간절히 기도할 때 오늘 지금 구약에서 일어난 기적도 일어날 수 있다고 천사는 말해 줍니다.

지상 교회를 힘들게 했던 분들

천사는 아비규환의 한 성으로 데리고 갔습니다. 여기가 어디냐고 물으니 지상에서 교회를 다닌다고 하면서 신자나 이교인들에게 피해를 끼치고 하느님을 욕되게 한 신자들이 모여 살고 있는 곳이라고 합니다. 그들은 교회에서 파벌을 만들고 신자들을 분열시켜 지상에서 떵떵거리며 신자들의 대표가 되는 양 살았다고 합니다. 그런 사람들이 이 성(城)에 모여 기도하며 울부짖으며 서로 남 탓으로 자기를 변명하고 괴롭게 살아온 잘못을 깨달았다고 합니다. 이제는 예수님과 형제자매들과 함께 간다면 분명 예수님은 다소 모자란 부분을 당신의 은총으로 채워서 그들을 천국 시민으로 구원하여 살 것이라고 합니다. 그중엔 사제나 주교의 본분을 버리고 착실하고 성실한 신자보다도 못한 그런 분들도 있다고 합니다. 우리는 부자가 되어도 겸손하게 다른 사람에게 본보기를 보여야 한다고 합니다. 서로에게 기쁨을 나누는 삶이 중요하다고 합니다. 내 마음에서 진실로 서로 하느님과 통하고 그분의 마음과 하나 되어 서로가 어렵지만 좁은 길을 따라서 살아간다면 그분께서 행복을 줄 것입니다. 그리고 천국 문을 베드로 사도가 열어 줄 것입니다. 그

욕구에 자신들의 잘못을 울부짖으며 하느님의 자비와 사랑에 기대어 그분의 용서로 그 성문이 열려 천국으로 가려는 영혼들이 저렇게 울부짖으며 자신의 잘못을 참회하는 것이라고 합니다. 천사는 매사에 신중하고 자제력을 가지고 있는 듯 없는 듯 차분하게 믿는 하느님 사람으로서 평범하고 성실하게 지상 생활을 하면 천국 생활로 연계되어서 행복할 것이라고 합니다. 지상 교회에 평화와 기쁨을 주는 신자가 천상 교회의 일원이 될 수 있다고 천사는 말합니다.

십자가 고통에 동참하는 삶

"당신 종에게 하신 말씀을 기억하소서. 저는 그 말씀에 희망을 두었나이다. 당신 말씀이 고통 속에서도 위로가 되나이다"(시편 119:49~50). 우리는 십자가 앞에서 우리의 모든 고통과 수난을 봉헌하고 그 속의 예수님께서 우리에게 새로운 꿈을 꾸게 하고 우리와 동행하시는 예수님 분신인 성령님과 우리의 고통과 수난을 이기고 승리하게 하시며 그 모습을 지켜보는 사람들에게 기쁨과 행복의 복음을 전하도록 섭리하십니다. 좋을 때나 고통스러운 때나 우리는 예수님의 십자가를 바라보며 그 고통에 동참하는 삶에서 우리들의 문제가 해결되고 그 과정에서 큰 사랑과 자비를 체험하고 그것들을 복음으로 전하며 하느님의 사랑과 자비를 서로 나누는 삶이 되어야 합니다. 그래서 지상에서 받는 모든 시험과 괴로움, 고통, 슬픔은 우리가 하느님과 예수님, 성령님, 성모님께 의탁하며 살아가는 은총을 받는 것이라고 천사는 말해 줍니다.

지상 생활과 천국 생활

❧

"너희는 너희를 길러 주신 영원하신 하느님을 잊어버리고 너희를 키워 준 예루살렘을 슬프게 하였다"(바룩 4:8). 우리 사람들은 하느님께서 끊임없이 우리를 사랑하고 자비를 베풀어 배불리 먹이고 좋은 옷을 시시때때로 입혀 주시니 한시도 그분의 은총을 잊으면 안 된다고 합니다. 그러나 이스라엘 백성들은 하느님의 은총을 잊어버리고 우상을 섬기고 숭배하며 하느님을 원망하고 불평을 늘어놓았습니다. 그래서 이스라엘 백성들을 파라오에게 맡기어 수많은 고통과 수난을 겪게 하였습니다. 모두 멸망시켜 버리려다 그래도 자비를 베풀어 사백 년을 이집트 노예로 생활하게 했답니다. 이스라엘 민족 지도자들의 간곡한 기도에 하느님은 진노를 가라앉히고 이스라엘 백성들을 광야에서 사십 년을 생활하시게 했습니다. 그 와중에서 십계명 석판을 모세에게 내렸습니다. 그러나 백성들은 금송아지를 만들어 숭배하는 이상한 행동을 했습니다. 모세는 진노하여 십계명 석판을 던져 깨뜨렸지요. 그래서 모세는 가나안 땅에 못 들어갔습니다. 우리도 늘 긴장하며 은총을 의식하며 끊임없이 기도를 하며 성경을 읽으며 열심히 살아갈 때 지상 소원도 이루고

천국의 소원도 이루어져 늘 기쁨과 평화를 누리며 살 수 있
다고 천사는 말합니다.

보는 눈을 가진 사람은 행복하다

❦

"그리고 예수님께서는 돌아서서 제자들에게 따로 이르셨다. '너희가 보는 것을 보는 눈은 행복하다'"(루카 10:23). 예수님 제자들도 당신들 앞에 계신 분이 하느님 외아들인 것을 믿지 못하고 있습니다. 하느님이 어떤 분인지를 알기 바랐지만 예수님은 은유적으로 나를 하느님으로 보는 눈을 가진 사람은 행복하다고 말씀을 하십니다. 천국에서 예수님과 성모님이 지상에서 지상의 성당 사제, 주교, 수도자, 여러분을 바라보면 성령님을 통하여 그분들이 예수님, 하느님으로 보이면 사제나 신자의 믿음, 사랑, 자비, 성령이 일치되어 평화와 행복을 주고받습니다. 하지만 둘 중 하나라도 죄 중에 있거나 사제와 신자로서 영적인 은총이 사라지면 그런 일은 일어나지 않는다고 천사는 말합니다. 우리는 우리의 은총을 잘 받아 누리는 삶을 살아야 합니다. 신중하고 자제력을 가지고 성령님과 교감하며 늘 살아 있는 사람에게 성령님이 계시다는 사실을 알고 행복을 주어야 합니다. 누구라도 해를 끼치는 삶은 버리고 이익을 주는 사람이 되어야 합니다.

용서는 하느님의 자비와 사랑을 표현하는 최고의 도구이다

❧

 "너희는 요셉에게 이렇게 전하여라. 너희 형들이 네게 악을 저질렀지만 제발 형들의 잘못을 용서해 주어라"(창세 50:17). 천국에서 최고의 덕은 용서라고 합니다. 용서는 하느님의 자비와 사랑을 표현하는 최고의 도구라고 합니다. 지상에서 일어나는 악들 대부분이 용서와 사랑의 부족에서 일어나는 부산물이라고 합니다. 그래서 용서는 세상의 악을 소탕하는 방패이기도 하답니다. 그리고 대부분 큰 병의 원인이 미움, 증오, 분노인 경우도 많답니다. 그래서 용서라는 명약을 쓰면 모든 것이 정상화되고 큰 병을 고칠 수도 있다고 합니다. 기도하는 사람들이 용서하고 이해하는 마음으로 기도를 해야 그 기도가 이루어진답니다. 주위에 고통당하는 사람들을 먼저 생각하고 보살피기 위해서는 그들의 입장에서 그들을 이해하고 서로 용서를 먼저 주고받아야 한답니다. 그러면 자연히 성령께서 슬며시 오셔서 사람들 갈망을 해소하고 병도 고쳐 주시고 물질도 넉넉해질 수 있도록 섭리하시고 지혜와 기쁨을 주고 우리는 천상으로 가서 아브라함 품안에 안기는 행복을 누릴 수 있답니다. 오늘 지금 당장 매우 하찮고 작은 일이라도 선을 실천하는 길이 천국 가는 첩경이라고 합니다.

천국에는 자유와 사랑과 행복이 넘쳐난다

천국에는 어디를 가나 자유와 사랑과 행복이 넘쳐납니다. 예수님, 성모님께서 늘 미소로 위로해 주시고 지상에서 고단하고 아팠던 삶을 충분히 보상받는 삶입니다. 누구나 다 그렇지는 않지만 일단 지상에서 기도하고 도움을 주고받는 삶을 살면 하느님의 모상이요, 실제인 사랑과 자비를 아무리 작게라도 베풀면 당사자 자신도 현세에서도 행복하고 천국 가는 길 대열에 들 수 있다고 합니다. 예수님 안에서 늘 사랑과 존경을 베풀며 살다 보면 누구나 그 대가를 받으며 살아간다고 합니다. 서로 의지하며 기도해 주며 살다 보면 지상에서도 천국을 경험하며 산다고 합니다. 그래서 지상은 어쩌면 연옥일 수가 있답니다. 아무리 큰 복을 받아도 겸손하고 사람과 뭇 생명들을 사랑하고 존경하며 살아가면 이 세상 삶이 평화롭고 아름다워 세상이 천국처럼 변하게 하며 그렇게 살아가는 신자들은 그 삶에서 행복과 기쁨이 넘친답니다. 그리고 예수님 십자가의 꽃을 피워 그 향기로 세상을 편하게 한답니다.

천국의 성녀 마더 테레사

우리가 살아가는 현실 그 모습 그대로 하늘나라에서 살아 간다고 천사는 말해 줍니다. 지상 교회에서 존경받고 사랑받 은 사람은 천상 교회에서도 좋은 대우를 받고 산다며 마더 테레사 성녀가 계신 곳으로 나를 데리고 갔습니다. 그분은 천상에서도 인도에서 살면서 함께 동역하던 사람들과 여전 히 지상 인도 교회를 위해서 기도하며 가난하고 아픈 사람 들을 위해 기도하고 그들의 천상 교회를 위하여 전구를 하 셨습니다. 하느님은 늘 성녀의 요청을 지상 공동체에게 베풀 었던 대로 테레사 성녀의 전구를 늘 귀 기울여 들어준다고 합니다. 지상 교회에서 행복하려면 예수님처럼 공정과 정의 를 위하여 사람들을 큰 죄악에서 구원하기 위하여 십자가를 기꺼이 지시고 사랑의 꽃을 피운 것처럼 우리도 그분의 십자 가에서 보여 준 사랑과 자비의 장미화를 가슴에 새기며 주 어진 하루를 기쁘고 행복하게 살아가야 한다고 합니다. 모 든 일에 감사하며 살아갈 때에 기쁨과 행복의 은총이 그에 게 임하여 고되고 슬픈 일상생활이 감사로 바뀌어 천국이 되어 세상에서 천국으로 가는 길가에서 천상의 기쁨과 행복 을 누릴 수 있다고 합니다.

선교를 위하여 초인적인 삶을 사신 사제

천국에는 수많은 성인들이 천사와 대화를 나누며 기쁘고 행복한 삶을 살아갑니다. 김대건 안드레아 신부님은 우리나라 사제들의 수호성인입니다. 영민하고 지혜롭고 귀하고 아름다운 삶을 살면서도 조선의 선교를 위하여 초인적인 삶을 성령님과 함께 사셨던 분입니다. 그분은 지금도 천국에서 한반도의 국민들이 모두 신자가 되어서 큰 행복을 누리며 잘 살기를 빌고 계십니다. 예수님과 성모님과 교감을 하시며 한국이 쇄신되며 바르게 되길 원하고 원하십니다. 영성으로 무장하여 유혹을 물리치고 순백한 하느님의 사제가 되기를 기도합니다. 사제들이 세상의 뭄욕에 빠져 헤매지 않도록 해 주어야 하는데 세상 유혹이 사제들을 세상에 빠져 헤매게 합니다. 천국에서는 그러하신 사제들을 바라보며 안타까워하신답니다. 천국에서도 기도로 눈물로 지상 교회 신자들과 교회를 안타까운 눈으로 바라보며 회개하고 돌아오기를 간절히 바랍니다. 지상 교회 신자들도 자신의 수호성인께 자신의 보호뿐 아니라 우리나라 사제들을 위하여 기도해야 합니다.

천국의 형언할 수 없는 신비한 모습

구급차에 실려 장현리 현대 병원 응급실로 갔습니다. 사흘 만에 살아났습니다. 죽음의 순간에 저는 천국을 보는 신비한 체험을 했습니다. 이런 일은 천기누설이라 해서 글로 쓰면 위험할 수도 있지만 조금만 나누고자 합니다. 저는 천사의 손에 이끌려 세상에서 경험하지 못한 신비한 광경을 보았습니다. 온 세상엔 맑고 투명한 물이 흐르고 온갖 꽃이 피어 있고 좋은 향기가 가득했습니다. 예수님께서는 당신 모습을 보이시며 따사한 눈길로 만면에 미소를 보이셨는데 풍겨 나오는 광채에 차마 우러러 뵈옵기가 힘들었습니다. 그곳에서 단 세 분을 만나서 이야기를 나눌 수 있었습니다, 나사로 마을 창설자 이경재 신부님이 나에게 말했습니다. 당장 내려가 천주교 신자들이 바르게 되도록 기도를 많이 하라고 했습니다. "저는 죄가 많은 죄인 중 왕초입니다" 하니 "네 죄 위에 은총이 있으니 기도를 많이 하라"라고 하셨습니다. 그리고 또 한 분은 오는 29일이면 선종 일주기가 되시는 안나 자매님이었는데 맑고 밝은 모습으로 내 영혼을 반겨 주셨습니다. 냉담하고 있는 자식들에게 꼭 성당을 나가라고 해 달라고 부탁하셨습니다. 그 자매님은 평생을 묵

주를 손에서 놓지 않고 사셨고 86세로 기도하면서 돌아가
서서 직천당을 하셨습니다. 늘 누구에게나 관대했고 감사
하다는 말을 입에 달고 다니신 분입니다. 오늘은 여기서 줄
입니다.

하늘나라에서 말하는 죄란?

꙳

천사는 죄가 무엇이냐고 묻습니다. 역설적으로 예수님께서 지상 생활을 할 때 각종 죄를 짓고 죄책감에 빠져 있는 죄인들을 만나서 그들의 죄를 용서하고 그들의 죄 짐을 벗겨 동역자로 만들었습니다. 하늘나라 죄는 예수님을 이해하지 못하고 믿지 못하는 것입니다. 그리고 그분의 십자가와 구원에 무식하고 믿지도 인식도 못하는 것이 큰 죄입니다. 지상 사람들은 윤리적, 도덕적 하자가 있거나 범법으로 다른 사람에게 손해를 입히면 죄가 됩니다. 죄와 벌을 쓴 도스토옙스키는 사람의 마음은 하느님과 악마의 전쟁터라고 했습니다. 우리는 선과 악이 공존하는 세상에서 하느님 뜻을 따라 사는 것이 결코 쉽지가 않다고 합니다. 천사는 하느님의 뜻을 헤아리고 마음의 전투에서 하느님 뜻과 선으로 악의 근원 악마를 이겨야 한다고 말해줍니다.

천국에서 뵈었던 한경직 목사님

🙰

　우리가 천국을 가면 시간과 공간을 뛰어넘습니다. 우리가 가고 싶은 곳은 어디든지, 어느 시대든 가서 볼 수 있습니다. 예수님 고난 받으시던 그 시대로 갈 수도 있고 우리나라 기해, 병인박해 시대로 돌아가서 그 시절도 경험할 수가 있습니다. 우리 지상에서 생각하는 죄와 하늘나라에서 다스리는 죄의 성격이 많이 다릅니다. 제가 천국에 가서 가장 뵙고 싶었던 분이 우리 한국의 성인 성녀들과 김수환 추기경님과 김남수 주교님인데 아무리 찾아도 안 보이셨습니다. 예수님께 여쭈어 보아도 미소를 지을 뿐 아무 말씀이 없으셨습니다. 언뜻 한 분의 노신사를 만나게 되었는데 그분이 바로 한경직 목사님이었습니다. 정식 코스의 박사도 아니고 신학을 체계적으로 공부를 하신 분은 아니지만 천사들 말로는 이분은 성경 말씀을 굳게 믿고 성령에 감화되어 일생을 한결같은 마음으로 예수님 사랑과 자비를 세상에 구현하며 살아 있는 성자로 살다가 하늘에 오르셨다고 합니다. 인자하고 따사한 그의 얼굴에 예수님의 빛이 가득했습니다. 오늘은 이만 줄입니다.

천국은 지상에서 사는 것이다

　우리가 천국을 가기를 원하지만 실제 천국을 가려면 반드시 죽어야만 한다고 생각합니다. 천국에서 천사가 들려주는 이야기는 우리의 생각과 많이 다릅니다. 즉, 우리는 지상의 삶 속에서 자신의 천국 가정, 천국 성당, 천국을 나 자신으로부터 시작해야만 된다는 것입니다. 하느님과 성경에 대한 확고한 믿음을 가지고 나 자신부터 사랑하고 가족과 이웃을 사랑하고 세상살이의 큰 고난도 희망 속에서 인내하는 삶을 살아내면 우리가 머무는 그자리가 지상 천국이 됩니다. 무슨 일이든 가정, 직장, 성당, 직책에 성령이 함께할 수 있도록 관대하고 유연하게 하면 그곳이 예수님 계시는 천국입니다. 그렇게 묵묵하게 꾸준히 기도하며 감사하며 찬양하며 살다 보면 그 때와 장소, 시간은 모르지만 직천국할 수 있습니다. 그것이 천사가 일러준 천국 가는 이야기입니다. 말은 늘 적게 하고 실천을 솔선수범하면 하느님께서 기뻐하신다고 했습니다.

종교가 무엇이든 천국은 갈 수 있다

천사는 나를 데리고 또 다른 성으로 데리고 갔습니다. 그곳에는 기독교, 불교, 증산도, 천주교, 무교 아무튼 모든 영혼들이 모여 열심히 하느님께 자비를 요청하고 있었습니다. 그곳 동산에도 온갖 식물과 꽃이 만발해 있었습니다. 깨끗한 물도 흐르고 영혼들도 희망으로 하느님 자비를 요청하고 있었으나 향기가 없었고 빛도 환하지 않지만 가끔 예수님께서 들르시는데 그때는 향기롭고 환해진다고 합니다. 아마 종교와 상관없이 지상의 삶이 올바르고 깨끗하고 예쁘게 산 사람들은 이 성에서 머물며 하느님 자비와 사랑으로 천국 성으로 갈 수 있다고 합니다. 이곳에 있는 사람들은 모두 지상에서 후회 없는 삶을 살았다고 자부한다고 합니다. 그리고 선하고 착하게 살았다고 합니다. 가끔 나쁜 짓도 했지만 자신을 성찰하고 바른길을 가려고 몹시 애썼다고 이야기합니다. 사람으로서 지성과 이성으로 남에게 큰 해를 끼치지 않고 살았다고 합니다. 예수님을 잘 섬기고 그분을 따랐다면 좋았을 텐데 안타깝다고 합니다. 천사가 말해 줍니다.

천국 문을 열면서

❦

한 천사가 저를 커다란 문으로 나를 데리고 갔습니다. 그 문은 휘황찬란한 황금으로 되어 있었습니다. 문은 열두 개의 파란 보석으로 장식되어 있고 그 가운데에 아주 커다란 빨간 보석이 박혀 있었습니다. 천사가 무언가 말을 하며 예수님 성모님 부르니 그 육중한 문이 열렸습니다. 그 성 안에 들어가니 우렁찬 찬양 소리가 들리고 예수님과 열두 제자가 맨 위에 계시고 각 제자들 뒤로 많은 성인 성녀가 줄지어 경배하고 헤아릴 수 없이 많은 천국을 온 사람들이 찬양을 하였습니다. 비로소 여기에 오니 여러분의 교황님도 계시고 김수환 추기경님도 뵐 수 있었습니다. 추기경님도 곧 성인 반열에 오르실 거라고 합니다. 천사는 나를 데리고 다니며 내가 보고 싶어 하는 주교님들, 신부님을 보여 주기도 하고 수도자들도 보게 해 주었습니다. 저는 그때서야 예수님께서 계시고 성인들 예비 성인들이 머무는 거룩한 천성이 따로 있음을 알았습니다. 그리고 예수님은 가는 곳마다 계시며 불쌍한 영혼들을 인도하여 천성으로 데려 오려고 성모님과 힘쓰시는 모습을 보았습니다. 베드로 사도는 뭔가 숫자를 쓰고 계셨습니다. 오늘은 여기서 줄입니다.

베드로 사도

❧

베드로 사도가 무엇인가를 열심히 적고 있는데 뭐 하시는 것이지요. 천사는 오늘 선종한 사람들의 행적을 기록하는데 묵주 기도 횟수, 선행 횟수, 미사 참석 횟수, 고해성사 횟수 등 교리적 성실도를 조사하고 그의 성격과 삶의 태도, 화를 얼마나 많이 냈는가, 욕심꾸러기로 살았는가, 어리석어 말씀을 깨닫지 못하고 믿음이 얼마나 자주 흔들렸는가를 기록합니다. 가장 중요한 건 어떤 일이든 주어진 소명에 최선을 다하며 처음처럼 초심으로 돌아가 언제나 꾸준히 그 소명에 순종하는지입니다. 그런 것을 체크하여 예수님께 보고한다고 한답니다. 주어진 하루를 신중하고 정의롭고 선행을 하며 사랑해 주는 것, 이해하고 관대해지는 것. 이러한 것을 묵묵하고 꾸준히 하는 일을 하느님께서 좋아하신다고 천사는 말해 줍니다. 지상과 천국에서 차이는 악이나 죄에 대한 개념이 틀리다고 합니다. 차차 알 거라고 천사가 말해 줍니다.

하늘나라 잣대도 도덕과 윤리이다

　도덕과 윤리는 사람이 이 세상을 살아가는 이성과 지성의 꽃이라고 할 수 있습니다. 거의 대부분 사람들은 이런 단어를 의식하지 못하고 현실의 삶을 되는 대로 살아가는 것입니다. 오직 돈만을 좇고 돈을 위해서는 도덕과 윤리를 일부러 외면하고 무시하여 자신에 합당한 윤리와 도덕으로 합리화하곤 합니다. 내로남불 생각이 세상에 팽배합니다. 불법과 비리가 있어도 돈으로 다 뒤덮어 버립니다. 거기엔 하느님의 섭리와 자비가 끼어들 틈이 없습니다. 그러나 하느님은 늘 도덕과 윤리의 하느님 법을 따르는 사람을 그가 처한 형편에 따라 편을 들어 주십니다. 교회를 비롯한 모든 공동체는 말씀에 녹아 있는 선하고 착한 것을 따라 그리스도적 도덕과 윤리를 배우고 익히고 세상에 구현하도록 노력해야 합니다. 천사는 예수님께서는 신자들에게 최소한의 도덕과 윤리 생활을 하느님 십계명 안에서 지키기를 소원하신다고 귀띔해 줍니다.

성인들과 천사

천사는 저를 데리고 조용하고 드넓은 벌판으로 인도했습니다. 드문드문 사람과 천사들이 한 조가 되어 무엇인가 열심히 하고 있었습니다. 천사가 말합니다. 여기는 천사의 직분을 수행하던 천사들이 하느님의 진노를 사게 되면 잠시 근신하는 곳인데 그 천사들을 성인 성녀들로 재교육을 시키는 곳이라고 합니다. 인간 사회에서는 많은 사람들이 하느님의 자비가 아니면 잠시도 살 수 없다고 합니다. 하느님은 천사들을 냉혹하게 대하지만 사람들에게는 한없는 사랑과 자비를 베풀어 주신답니다. 악인이나 선인이나 누구에게나 그 잘잘못을 따지지 않고 비도 내려 주시고 물질도 내려 주시며 세상에 사는 데 고통이 없도록 해 주신다고 합니다. 그래서 세상에는 그 많은 악행이 벌어져도 그대로 유지가 되고 개개인의 삶이 유지되고 번영되고 발전한다고 합니다. 그러나 그 중심에 하느님 사랑과 자비가 있는 사람만이 다른 사람을 사랑할 수 있고 공동체를 이루며 살 수 있다고 합니다. 그래서 세상에 가짜도 판치고 사기, 사고, 사건이 일어나도 하느님은 무한한 인내로 자비와 사랑을 베풀며 그들이 참회하고 하느님 품으로 돌아오길 기다리신답니다.

천국의 잔치

❦

천사는 나를 수많은 꽃들이 흐드러지게 피어 있고 수많은 꽃향기가 조화롭게 피어나는 정원으로 데려 왔습니다. 오늘은 지금까지 오늘 최근 3년 내 직천국한 분들이 모여서 조촐한 잔치를 하는 날이랍니다. 천국에는 매일 수많은 기쁘고 행복한 잔치를 하지만 착하고 선하게 악을 선으로 갚고 가정을 위하여 헌신한 평신도들 중 직천국한 영혼들의 잔치랍니다. 모든 분들의 얼굴은 평온함과 따사함으로 곱게 물들어 아름답고 고와 보였습니다. 찬양을 하며 천사들의 축하를 받으며 예수님과 성모님이 함께하는 연회는 지상에서 대통령이 주관하는 국빈 만찬장보다 산해진미가 가득하고 온갖 과일이 차려져 있었습니다. 예수님은 그들의 지상 노고를 치하하시고 그대들 덕분에 하느님 자비가 오늘도 지상에 가득하다고 했습니다. 이렇게 삶의 현장에서 주님을 함께 모시고 살기에 술주정뱅이 남편을 끝까지 감싸고 자녀들을 잘 키워낸 어머니들이 많았습니다. 그곳에 안나 어머니가 함박 미소로 예수님 축하를 받는 모습이 인상적이었습니다.

세상의 법과 하느님의 법

❧

천사는 나를 데리고 어느 우물가로 갔습니다. 우물이 맑고 깨끗하여 한 모금 마시고 싶었습니다. 그 우물가에는 한 여인이 해맑은 미소로 천사와 저를 맞아 주었습니다. 다섯명의 남성과 살았다 헤어지고 지금 사는 남자도 자신의 정당한 남자가 아닌 외간 남자와 사는 사마리아 여인이었습니다. 예수님은 이미 그 여인에 대한 모든 것을 다 알고 있었습니다. 우물물을 길어서 예수님께 드리니 이 물로 잠시 갈증을 해소할 수 있지만 영원히 목마르지 않고 행복할 수 있는 길은 따로 있다고 하셨습니다. 그 순간 예수님을 알아본 사마리아 창녀는 자기의 모든 과거를 숨김없이 털어놓았습니다. 눈물을 흘리면서요. 그 순간 예수님의 은총으로 그 여인에게 용서와 사랑이 임하였습니다. 그 여인은 물동이를 내던지고 마을 사람들에게 복음을 전하여 온 마을 사람들을 예수님께 오도록 했습니다. 이 성 안에는 세상 사람들이 생각하기에는 영원 지옥으로 가야 한다고 생각한 사람들이 예수님으로부터 구원을 받아 천국 행복을 누리는 것을 증명하는 기념물들이 많다고 합니다. 사람들에게 죄책감이나 이미 지나간 일로 자신을 학대하지 말고 주님의 자비와 용

서의 눈물을 많이 흘리라고 합니다. 그 눈물이 모든 상처를
낫게 하고 죄들을 씻어 준답니다. 그래서 세상 법과 하느님
법은 다르다고 천사는 귀띔해 줍니다.

좁은 길과 넓은 길

천사와 저는 좁은 길과 넓은 길을 번갈아 가게 되었습니다. 좁은 길을 지나면 오곡백과가 가득 여물어 가는 평야가 보이고, 넓은 길을 가다가 끝에 가면 뾰족한 바위들과 자갈밭이 나왔고 독충들이 가득해서 앞으로 나갈 수가 없었습니다. 다시 왔던 길을 되돌아 원점으로 왔습니다. 그렇게 반복해 여러 번 했습니다. 할 수 없이 좁은 길로 가다가 한 성으로 들어갔습니다. 은총(은혜)이 넘친다는 공동체의 성입니다. 왕이 종들 중 일만 데나리온 빚진 자를 불러오게 했습니다. 겁먹은 종이 벌벌 떨며 "꼭 갚아 드리겠습니다" 하니 왕은 그에게 빚을 탕감하겠다고 말합니다. 그것은 단순히 빚을 탕감 받는 것이 아니라 그의 죄와 허세, 위선, 비리 등을 용서받고 은총(은혜)을 분에 넘치도록 받은 것입니다. 천사는 이 성에서 머물며 우리가 지상에 살면서 하느님의 사랑과 자비를 얼마나 많이 받는지 보라고 권합니다. 그리고 은총을 받은 자는 어떻게 해야 하는지 보자고 합니다. 받은 은총은 골고루 나누어 주어야 한다고 천사는 귀띔해 줍니다.

공동체를 이루며 살아가는 신자들

성당을 다니며 한 공동체를 이루며 살아가는 신자들은 하느님께로 부터 일만 데나리온(현재 가치로 일억 육천만 달러) 빚을 탕감 받은 왕의 종과 같은 은총(은혜)을 받고 살고 있는 것과 같다고 합니다. 그러한 어마어마한 은총을 받은 그 종이 그에게 백 데나리온 빚진 자를 만나자 그의 멱살을 잡고 당장 갚으라고 하면서 옥에 가두었습니다. 그 사실을 안 다른 종들이 왕에게 고하니 그 왕도 그 종의 모든 은총을 거두고 그가 일만 데나리온을 다 갚을 때까지 옥에 가두게 했습니다. 그 옥서는 온갖 독충이 득실거리는 고통과 죽음과 슬픔이 가득한 지옥입니다. 은총은 영적인 것이든 돈과 같은 것이든 받은 대로 공동체 안에서 반드시 나누어야 한다고 합니다. 신자들은 자신이 받은 은총과 나눈 은총을 모르지만 하느님은 어떻게 아시는지 천사가 알려 주겠다고 합니다.

성소

태중부터 하느님이 꼭 찍어 '저 아이는 내 지상 천사로 만
들어야지' 하고 생각을 하셨습니다. 남아면 사제나 수도자
로 여아면 수녀로 뽑아서 그 아이와 함께 큰 은총을 주어
아이 아버지에게는 돈벌이가 잘되게 했고 어머니에게는 좋
은 지혜를 주어 그 집안을 반듯하게 살도록 했습니다. 아버
지는 수도자나 사제로 만들 생각을 안 하고 세상에서 돈도
벌고 명예도 얻기를 바랐습니다. 그래서 하느님 뜻을 헤아
리지 못하고 다른 길을 가게 했습니다. 일만 데나리온을 왕
에게 빚을 졌으나 갚지 않았습니다. 그 아들은 성당의 자랑
거리였습니다. 그러나 갖은 오욕과 함께 시신마저도 온전치
못하게 성당으로 돌아왔습니다. 세상 열락에 빠져 살다가
큰 죄로 하늘나라 옥서에 가게 되었습니다. 부모님은 뒤늦
은 후회를 합니다. 지상에서 자녀들이 부모님 생각과 다르
게 삐딱한 길을 가면 부모들은 찬찬히 자신들을 성찰하며
모든 걸 하느님께 맡기고 그분 뜻을 헤아려야 한다고 천사
는 말해 줍니다.

받은 은총은 나누어야 합니다

하느님으로부터 큰 복을 받아서 부유하게 살면서 교회에 봉사를 한다는 핑계로 가난한 사람을 핍박하고 오히려 교회를 자신의 과시의 장으로 만드는 사람들이 많습니다. 가끔 하느님이 천사를 보내어 경고를 하지만 그들의 생각을 하느님 뜻에 맞추기 힘이 드신다고 합니다. 하느님은 어쩔 수 없이 천사를 보내어 빚을 받아 오라고 하기도 하여 그들의 은총을 빼앗기도 하신다고 합니다. 그러면서 어느 성당에서 총회장을 했던 두 사람의 사건을 보여 주었습니다. 한 사람 총회장은 자격 미달인데 번듯한 건물이 있다고 자진해서 총회장이 되었으나 교회의 사리에 밝지 못하고 사제와 어울려 대충 총회장직을 수행하다가 자매님께 총회장직을 인계하고 본인은 건물을 팔고 도망가듯 성당을 떠났습니다. 그런데 그 총회장 부인이 급사를 했고 후임 자매님 회장도 중병에 걸려 입원한 모습을 보여 주었습니다. 그래서 지상 천사로 소임을 받은 사람들은 왕께 일만 데나리온의 빚을 진 종이기에 더 큰 빚 독촉을 받고 천사들이 순명하지 않으면 그 빚을 더 가혹하게 받아 내신다고 합니다. 그래서 받은 은총만큼 공동체와 세상과 꼭 나눠야 한다고 합니다.

왕이 빚을 받으러 천사를 보낸다

이렇게 교회가 교회답지 못한 공동체로 되면 결국 하느님 천사들이 하느님 뜻에 반하여 봉기하게 되고 그러면 예상치 않은 피해가 생길 수 있답니다. 세상은 어떤 경우든 가능하면 하느님 뜻에 반하는 일을 안 하는 것이 순리라고 합니다. 특히 교회 공동체 안에서 다른 신자를 비방하거나 분노하거나 악의를 가지고 다른 신자가 겪는 고통을 방관한다면 왕이 빚을 받으러 천사를 보낸다고 합니다. 덮어 주고 감싸주고 평안을 나눌 때 하느님의 사랑과 자비의 은총이 점점 더하여져 공동체가 부유해지고 개인도 윤택해진다고 합니다. 기도와 은총이 성장할 때 더 조심하고 겸손해야 한답니다. 교회가 교리에 따라 지탱하여서 교리에도 충실해야 하지만 이미 받은 은총을 서로 나누며 사랑과 자비를 실천해야 한다고 합니다. 특히 어린이나 청소년들에게 하느님의 사랑과 자비를 가르치고 어른들이 솔선수범하는 것을 하느님께서 좋아하신다고 천사는 말해 줍니다.

일만 데나리온을 빚지고 산다

꧁꧂

왕에게 우리는 일만 데나리온을 빚지고 그 왕의 용서와 자비와 사랑의 은총으로 자유의지를 보장받으며 산다는 사실을 잠시도 잊으면 안 됩니다. 어떤 부부가 불륜 문제로 이혼을 한다고 하면 신자들이 수군거리고 전후 사정을 모르고 무조건 그 부부를 판단하고 비방하여 교회에 발도 못 붙이게 합니다. 그것은 하느님이 슬퍼하시는 일입니다. 가난한 신자 자식은 자살하면 교회 영안실 근처도 못 오게 하고 부잣집 아들, 딸은 자살을 해도 교회 영안실에서 장례를 치르고 미사도 합니다. 하느님께서는 그런 교회 모습에 슬퍼합니다. 공동체는 기도로 공평하고 정의가 살아 있어야 합니다. 천사의 말에 귀 기울이며 그런 일이 설마 있으리라고 생각하자마자 그런 현장을 보여 줍니다. 신자인 우리 자신뿐만 아니라 공동체를 자세히 살펴보며 우리 모습이 혹시 일만 데나리온을 탕감 받고 백 데나리온 빚진 자를 목 조르고 옥서에 가두어 괴롭히는 신자는 아닌지 성찰해야 한다고 천사는 말해 줍니다.

베드로 사도의 천국 열쇠

베드로와 예수님께서 서로 대화를 열심히 나누십니다. 단점이 많은 베드로 사도는 예수님께서 잡혀 가시던 날 세 번이나 예수님을 부인하는 대죄를 졌지요. 그러나 예수님은 그의 모든 죄를 사하고 수석 사도로 천국의 열쇠를 그에게 맡겼습니다. 천사는 말합니다. 지금도 지상에서 베드로 사도만큼 성미가 급하고 대죄를 지은 사람은 매우 드물다고 하면서 현대를 살아가는 많은 신자들이 작은 죄에 지레 겁먹고 교회를 나가지 않고 쉬는 것은 안타까운 일이라고 걱정을 합니다. 지상에 지금도 사도들의 전승을 이어가는 사제가 있는 이유는 소죄든 대죄든 고백성사를 통하여 신자들의 죄를 사해주기 위해서라고 합니다. 그러니 그 은총을 저버리고 방황하는 것을 하느님은 가장 측은히 여기신답니다. 쉬는 신자를 적극적으로 돕고 교회 품으로 돌아오게 하는 신자는 대부분 부지불식간에 지은 소죄들이 자동적으로 소멸된다고 합니다. 구원의 은총을 받은 신자는 관대해져야 한답니다. 그리고 삶에 현장에서 지금 현재 당신 곁에 계시는 살아계신 예수님인 성령님을 수시로 느끼고 의식하며 그분의 인도하심을 따라야 한답니다. 그 길이 험악한 가시밭길이라도 성령님의 인도하심을 따르며 꾸준히 참고 기다리면 큰 복을 받는다고 합니다. 처음엔 안 되는 것처럼 보여도 궁극에는 만사형통이라고 합니다. 그 또한 쉽지 않은 일이라고 천사는 말해 줍니다.

오른손이 하는 일은 왼손도 모르게 하라

천사는 말해 줍니다. 지금도 예수님은 천성에만 계신 것이 아니라 지상에서 언제나 계신다고 합니다. 성령님께서 신실하고 진실한 믿음을 가진 신자와 함께 복음을 전하며 열심히 살아가고 있다고 합니다. 그럼 지상에서 사람과 성령님으로 오신 예수님과 친구가 되어 활동하는 사람들은 누구일까요? 신자가 맺은 열매를 어떻게 맺나 구별해 보면 알 수 있답니다. 첫째, 가정과 교회 공동체에 사랑을 구현하면 그 사람이 성령과 함께함을 알 수 있답니다. 사랑에는 가식이나 허세가 빠져야 한답니다. 자랑이나 자신을 내보이는 바리새인들이 하는 것처럼 하면 하느님은 싫어하신답니다. 오른손이 하는 일을 왼손도 모르게 하라고 합니다. 사랑은 말이나 허세로 하는 것이 아니라 조용히 누구도 알 수 없게 실천하는 것이라고 합니다. 요즘은 그런 실천을 하는 사람들이 무척 드물다고 합니다. 대중매체와 SNS 때문에 숨어서 좋은 일 하기가 힘이 든답니다. 하늘나라 일은 조용하고 살포시 이루어지는 것이 원칙이라고 천사는 말합니다.

용서의 천성

천사는 찬양과 찬미가 가득한 천성으로 저를 인도했습니다. 그곳은 지상 삶에서 불평불만 원망을 가득 안고 살다가 하느님의 뜻을 따라 살기 위하여 상대의 모든 잘못을 이해하고 용서한 사람들의 영혼이 모여 사는 용서의 천성이라고 합니다. 예수님은 원수를 용서하기를 77번 혹은 490번을 하라고 하십니다. 사람들이 그렇게 하기란 불가능한 일입니다. 그러나 용서의 은총(은혜)을 받은 사람은 그렇게 할 수 있답니다. 주기철 목사님은 자기 아들을 죽인 살인자를 용서하여 자기 아들로 삼았습니다. 사랑과 용서의 대표적인 일화로 들려줍니다. 우리 신자들도 당한 억울함을 하느님께 봉헌하고 원망과 분노를 삭일 때 참된 용서와 이해를 하고 나아가 사랑할 수 있다고 합니다. 사랑이 가득한 지상세계를 만드는 것이 예수님의 구원 사업이라고 천사는 말해 줍니다.

교회에서 소외된 이웃

❦

천사는 저를 데리고 자비와 사랑이 넘치는 천성으로 데려가 주었습니다. 그곳에는 환하고 밝고 맑은 영혼들이 모여 하느님의 한없는 자비와 사랑에 감사하는 감미로운 찬미를 드렸습니다. 행복과 즐거움이 가득했습니다. 천사는 그분들의 지상 생활 일부를 보여 주었습니다. 교회에서는 다른 신자들 눈치를 보며 간신히 말석에 앉아 주일미사를 하거나 토요일 특전 미사로 제사했습니다. 날마다 새벽부터 밤까지 파지를 주웠던 96세의 할머니, 교회 근처 공원에서 일상을 지내며 성당을 남몰래 오갔던 88세 할아버지는 신자들이 누구도 거들떠보지도 않았고 가난했으며 그 모습 그대로 남들 보기에는 딱하고 슬퍼 보였지만 그들은 하느님의 자비와 사랑을 신뢰하며 자신의 삶이 지상에서 끝날 때까지 행복하게 만족하며 살았던 분들입니다. 늘 과묵하게 불평불만 없이 예수님과 십자가를 함께 지고 돌덩이길, 가시밭길을 가셨던 분들이었습니다. 그러나 천국에서는 나사로와 함께 끝없는 평화와 행복을 누리며 살아갑니다. 천사는 증언해 줍니다.

말씀은 삼라만상에 영향을 준다

천사는 저에게 끔찍한 수술 장면을 보여 주며 여기에 천국의 모습이 있다고 합니다. 자매님과 형제님이 치열한 삶을 살아가고 있습니다. 당구장을 운영하는 형제님은 실신하여 당구장 바닥에 쓰러졌습니다. 중견 병원으로 급히 옮겼지만 소생 가망이 없다고 큰 병원으로 가라고 해서 서울 강남 성모 병원으로 가서 대수술을 네 번이나 했습니다. 형제님은 일 년이란 긴 잠에서 깨어나 의식을 회복했습니다. 그동안 자매님은 간병하다 시간이 나면 성당에 가서 눈물 흘리며 형제님을 살려 달라고 하느님께 청합니다. 또 이 년간 재활 진료, 삼 년간 요양병원 생활, 칠 년이 지난 지금 혼자 걷고 산책할 정도로 회복돼 귀가하여 두 분이 나란히 성당을 나가 매일 미사를 봉헌합니다. 칠 년의 인고의 기도와 두 사람의 사랑과 하느님의 자비와 사랑이 협력하여 선을 이루어 기적이 일어난 거라고 천사는 말해 줍니다. 이렇듯 인생은 끊임없는 하느님의 보호 속에서 살아가는데 고통과 슬픔을 순하게 받아들이고 하느님 뜻이 머물 공간을 만들고 기도하면 "하느님을 사랑하는 이들, 그분의 계획에 따라 부르심을 받은 이들에게는 모든 것이 함께 작용하여 선을

이룬다"(로마 4:28) 하는 말씀이 세상 삼라만상에 적용된다
고 천사는 말해 줍니다.

성가정 천성

꽃

천사는 성가정 천성으로 저를 인도했습니다. 그곳은 대대로 이어서 성가정을 이루고 사제나 수도자들을 배출한 가문들도 있고 신자로서 지상 생활에서 부부가 살면서 온갖 고통을 기도와 슬기로 이겨내고 성가정을 지킨 분들이 자유롭고 여유로 행복하게 사는 곳입니다. 사제나 수도자들을 지상에 둔 천국 성가정은 더 많은 기도를 했습니다. 그리고 지상에서 사제나 수도자로 생활하다 망가진 천국 가정들은 어두워 보였고 참회하며 하느님의 자비와 사랑을 베풀어 달라고 전구하고 있었습니다. 그리고 모든 성가정이 기뻐하면서도 지상의 가정마다 쉬는 교우들 때문에 시름에 잠겨 있었습니다. 지상의 냉담자들 때문에 천국에선 초상집 분위기가 연출되곤 한답니다. 탕자가 아버지 집에 돌아오듯 냉담자들도 교회로 돌아와야 한답니다. 신자로서 품위와 인격을 갖추고 냉담자를 다시 교회 일원이 되게 하는 신자는 큰 복을 받으며 천국 성가정의 전구로 하느님의 자비와 사랑이 늘 함께한다고 합니다. 천상의 성가정 성이 늘 활기차고 행복했으면 좋겠다고 천사는 말합니다.

지상 교회의 현실

❦

　지상과 천국은 서로 소통하며 상호 작용으로 성가정을 이룰 수 있답니다. 요즘은 부부의 갈등으로 이혼을 하고 자녀들도 뿔뿔이 흩어져 사는 경우가 많아 하느님께서 걱정을 많이 하신답니다. 요즘은 성가정 천성에 가는 가정이 점점 줄어들고 있다고 합니다. 부부가 돈벌이에 바쁘고 자녀들도 어릴 때부터 스펙 쌓기에 바빠서 하느님 자녀로 온전하게 살아가기 힘들다고 합니다. 대부분 청소년들은 교회에서 하느님 섭리에 따라 살기보다는 공부를 이유로 모두 냉담 교우가 되고 부모들도 자식들 교회 생활보다 세상살이에 더 관심을 두고 산다고 합니다. 사제나 수도자들도 교회 행정 일에 바빠서 양들을 돌보는 데 소홀하다고 합니다. 모두가 인류 종말을 재촉하고 있답니다. 개인 신자가 세상살이에 빠지면 그 가정이 세상에 오염되고 그 사회와 국가가 망하고 하느님의 자비와 사랑이 멈추면 그 자체가 말세라고 합니다. 천사는 지상 교회 현실에 하느님도 가끔 탄식하신다고 말해 줍니다.

천국에 희망을 두고 산다

지상에서 삶이 고생스럽고 불만족스러워도 천국에 희망을 두고 살아가는 사람들은 어느덧 지상 천국의 삶으로 전환된다고 합니다. 하느님의 자비와 사랑이 그들을 보살펴 주고 있기 때문입니다. 아들은 모두 부자입니다. 한 아들은 건축 사업으로 부자여서 뇌졸중으로 병든 아버지를 요양원에서 모십니다. 어머니는 혼자 전세를 살면서 일주일에 한 번씩 남편을 면회 가는 것이 큰 즐거움이었습니다. 할머니는 성당에 나가 자신과 남편을 보호해 달라고 열심히 기도했습니다. 하느님은 노부부에게 사랑과 자비를 베풀어 척박한 삶이지만 서로 행복을 나누도록 배려했습니다. 두 분은 힘겹고 아프지만 만날 때마다 천국 이야기를 하며 우리들에게 천국이 있으니 어서 그곳에 가서 행복하게 둘이 손을 꼭 잡고 하느님 품안에 안기자고 합니다. 그런 말을 주고받는 노부부에게 병상 주변 사람들도 천국의 희망을 가지고 박수를 보냅니다. 천사들도 박수를 치며 기뻐해 주었습니다.

성령의 열매

❧

천국에는 성령의 열매를 맺는 과수원이 있습니다. 지상 교회에서 성령의 열매를 맺을 때마다 천국에 나무가 한 개씩 심겨지는데 요즘은 점점 줄어들고 있답니다. 심각한 것은 천주교에서는 성령님의 상심이 크다는 사실입니다. 성령님과 함께 그 인도하심을 받는 사람들을 신자들이 싫어한다고 합니다. 심지어 사제나 수도자도 성령 충만한 신자들을 꺼려한답니다. 주일이나 지키고 밍밍한 신앙생활로 교회는 점점 냉랭해지고 냉담 신자는 늘어나고 성령 충만한 신자들은 개신교 교회로 옮겨 갑니다. 기쁨도 평화도 못 누리고 인내와 친절, 선행, 진실, 온유, 절제의 덕이 턱없이 부족해서 교회는 점점 피폐해 가고 천국의 성령 과수원도 점점 작아진다고 천사는 한걱정입니다. 우리는 모두 성령님, 즉 예수님과 함께하는 신자입니다. 우리는 견진성사를 통하여 성령을 이미 받아서 함께 살면서 실제로 많은 도움을 받으며 살아간다고 합니다. "신자가 그것을 깨닫고 살아가며 성령의 열매를 맺어야 교회가 활기 있게 살아납니다"라고 천사는 말해 줍니다.

칠성사는 우리에게 직접 보이는 은총이다

⚜

　"죄 많은 저에게 자비를 베풀어 주십시오"(루가 18:13). "나를 굽어보소서. 고통 받고 불쌍한 이 몸입니다"(시편 25:18). 하느님 자비의 발로인 은총(은혜)은 하느님께서 거저 주시는 은사이며 카리스마입니다. 교회에서 말하는 칠성사는 우리에게 직접 보이는 은총입니다. 하늘나라에서 칠성사를 세밀하게 관찰하고 그 성사마다 예수님 성령님이 함께하시며 예수님의 구원의 여정이 스며든다고 합니다. 가끔은 기적으로 나타나기도 합니다. 보이지 않는 것을 볼 수 있는 영안의 은총, 보이는 것의 옳고 그름을 구분하는 분별과 슬기의 은총, 우리들 삶에 녹아 있는 방법을 칠은(슬기, 통달, 의견, 굳셈, 지식, 효경, 두려워함)의 은총과 연합하여 우리의 삶에 성령님이 계심을 보여 주신다고 합니다. 천사는 칠은 안에 사는 분들은 그 개인의 성향이나 죄에 관계없이 의인이 되어 천국을 올 수 있다고 말해 줍니다.

신품성사

천사는 칠성사가 진행되는 현장을 보여 주었습니다. 먼저 신품성사 현장입니다. 교육 과정을 모두 마치고 부제로서 일 년간 봉사하던 분들이 주교님의 집전으로 하느님의 지상 종이며 왕직, 예언직, 사제직을 성령님과 함께 예수님께서 가신 길을 가도록 사제가 되는 성사입니다. 거룩하고 아름다운 축하가 지상과 천상에서 동시에 사람과 천군 천사가 함께 곱고 감미로운 찬미 노래로 이뤄집니다. 하느님은 지상 교회에서 사제가 탄생할 때마다 기뻐하시며 새 사제의 첫 미사를 통하여 그 기쁨과 행복을 사제를 탄생시키게 한 그 교회와 신자들에게 나누며 교회와 신자들에게 가장 큰 축복을 새 사제를 통하여 내려 준답니다. 신자들은 사제들을 위하여 끝없이 기도하고 힘써야 한다고 합니다. 신자의 기도가 끊기면 사제 생활도 힘들어진답니다. 물론 사제들은 천사들도 보호하지만 지상의 신자들 기도와 경호가 더 중요하다고 천사는 말해 줍니다.

하느님께서 천국으로 이끌어준 영혼들

❧

"그는 당신께 의지하는 사람에게 방패가 되신다"(잠언 30:5). 천사가 한 성으로 저를 데리고 갔습니다. 그곳의 영혼들은 침묵으로 조용한 평화를 누리며 살고 있습니다. 그분들은 지상에서 갑작스러운 재해나 안전사고, 교통사고 등으로 찰나에 생과 사가 갈린 사람들이 모여 사는 곳입니다. 하느님께서 그들의 방패가 되어 주시매 그들 중 하느님을 생각하고 의지했던 영혼들을 하느님께서 사랑으로 천국으로 이끌어준 영혼들입니다. 그래서 침묵으로 늘 하느님만을 생각하며 그 은총에 감사를 드리며 평화를 누리며 살아갑니다. 하느님은 한순간 한 찰나도 놓치지 않고 그를 믿고 따르는 모든 신자를 구원하신다고 천사는 말합니다.

지상 교회와 천상 교회의 교차점
임시 수용소

❧

이번에 천사는 저를 많은 영혼들이 고통 받으며 울고 있는 곳으로 데리고 갔습니다. "무슨 일이 있나요?" 물으니 지상 교회와 천상 교회의 교차점에 있는 임시 수용소라고 합니다. 연옥인지 지옥인지는 가르쳐 주지 않았습니다. 가끔 그곳에서 예수님께서 오셔서 그들을 위로하고 가신다고 만천사가 말해 주었습니다. 그곳에는 정치가들과 경제인들이 보였습니다. 정주영 회장, 이병철 회장, 이승만, 윤보선, 박정희, 김영삼 전 대통령들이 보였습니다. 국민에게 잘못도 많이 했지만 나라 일을 하면서 고생도 많이 한 분들이라 곧 천성으로 가실 분들이라고 합니다. 그분들은 그곳에서도 평온하고 기쁘게 조용히 천성의 모처로 가실 채비를 하시고 자신들 때문에 고통 받은 모든 영혼들과 관용과 화해를 청하고 있었습니다. 우리는 늘 살아생전 미리미리 반성하고 사람들과 맺은 악연을 풀어야 좀 더 수월하게 천성으로 갈 수 있다고 말해 줍니다. 그곳의 울부짖음과 아우성은 서로 한 맺힌 영혼들이 서로 한을 풀고 용서하는 소리들이랍니다. 살아서 서로 용서하고 관용을 베풀면 지상과 천상에서 항상 기쁘다고 천사는 말해 줍니다.

장자권 거머쥔 야곱

❦

천사는 나를 데리고 맑고 투명한 물이 흐르고 그 주변엔 금모래 밭이 있는 곳으로 안내해 갔습니다. 야곱이 에서에게 팥죽 한 그릇에 장자권을 탈취하고 그의 외삼촌 라반의 집으로 도망가다가 하느님 천사와 맞장을 뜨던 곳입니다. 우리는 지상 생활에서 하느님의 복을 받기를 원합니다. 어떤 사람은 도둑질, 사기로 돈이 들어와도 축복을 받았다며 감사 헌금을 냅니다. 수단과 방법을 가리지 않는 축복 받기의 현상은 고대나 지금이나 똑같습니다. 야곱은 아버지 이삭을 속이고 에서가 받을 장자권을 도둑질한 것입니다. 결국 지상에서 불법으로 얻은 장자권은 하늘의 인증을 받아야 하기에 하느님 천사와 치열한 접전을 벌여 승리를 하고 라반의 집으로 갔습니다. 그리고 고달픈 지상의 장자권 축복을 받을 수 있는 준비를 합니다. 온갖 고생과 모멸을 당해도 모두 참아 내며 말입니다. 천사는 말해 줍니다. 하느님의 축복은 받을 만한 그릇을 먼저 만들어야 받을 수 있다고요.

듣고 말할 수만 있어서 행복하다

천국과 지상의 삶은 예수님께서 십자가를 사랑과 자비의 꽃으로 만든 것처럼 반전된다고 합니다. 수많은 고통과 슬픔, 아픔을 스스로 받아들이고 우리 가슴에 기쁨과 즐거움, 평화로 승화시켜 지상에 아름다운 꽃을 피운다면 그 생은 곧 지상 천국을 살면서 천국 삶을 미리 준비하는 것이라고 합니다. 신음이 가득한 중환자실을 보여 주었습니다. 그 와중에 성가를 조용히 부르며 천국을 그리워하며 온전히 하느님 자비와 사랑에 감사드리는 자매가 있었습니다. 평생 뇌성마비로 모든 사지는 다 굳어 다른 사람 도움 없이는 아무것도 할 수 없고 침대에 누워 생활을 하는 분입니다. 하지만 듣고 말할 수 있음에 감사 찬미를 드리는 시인 자매님입니다. 듣고 말할 수 있는 것이 행복하고 기쁘고 즐겁게 성경을 듣고 복음을 전할 수 있어서 하느님께 감사드린다며 감사의 지상 천사로 사는 모습이 그야말로 아름답고 향기로운 한 송이 꽃으로 보였습니다. 바로 이런 분이 지상과 천국의 삶을 동시에 사는 것이라고 천사는 말합니다.

부지불식간에 하느님께 부르짖는 기도

⚜

천사에게 물었습니다. 세상에선 여러 가지 모습으로 하느님과 예수님을 부르짖으며 도움을 요청하는데 어떤 모습을 하느님께서 예쁘게 보시고 응답을 해 주시느냐고요. 천사는 말해 줍니다. 각양각색의 방법에 하느님 자비와 사랑, 예수님의 십자가 사랑과 구원을 굳게 믿으며 성경 말씀과 부활하신 예수님이신 성령님 삼위일체 신앙을 가진 사람들의 기도는 어느 누구의 기도도 받아 주신답니다. 어떤 때는 그런 사실을 전혀 모르고 부지불식간에 하느님께 부르짖는 기도도 들어주신답니다. 성웅 이순신 장군이 백성을 지극히 사랑하는 마음으로 하늘을 우러러 빌어서 한반도 조선에 명량해전의 기적을 주어 우리 백성을 하느님이 장군을 통하여 구하여 주었다고 말해 주었습니다. 만약 그때 장군이 패하였다면 우리나라는 그때 이미 일본에게 패전하여 지금쯤 일본의 한 개 현이나 도로 복속되었을 거라고 합니다. 그렇게 반만년 유구한 한반도의 역사에 언제나 함께하셨다고 합니다. 살아계시고 지금도 우리와 함께하신다고 합니다. 그 방법과 모습은 천주교든 개신교든 따질 필요가 없다고 합니다.

용기 있게 일어서야 한답니다

❧

　천국은 지상에서 큰 실망과 좌절에서 용기 있게 일어서야
한답니다. 예수님께서 아들을 잃고 슬퍼하는 어머니를 가
엾게 여기며 그의 아들에게 "아들아, 일어서거라" 하니 벌떡
일어나 캄캄한 죽음의 절망을 이겨내고 그의 어머니를 위
로하고 기쁘게 하도록 하셨죠. 회당장 야이로의 딸도 "일어
나라" 하는 예수님 말씀으로 죽음을 이기고 다시 일어나게
했습니다. 산 자나 죽은 자나 아무리 깊은 절망과 슬픔, 고
통에서 예수님의 말씀을 듣고 다시 일어난다면 행복과 기
쁨을 쟁취하여 지상에서의 모든 고난, 고통의 자리에서 희
망과 복음의 꽃을 피워 성령의 열매를 주렁주렁 맺을 수 있
다고 합니다. 죽음은 곧 천국의 평화 기쁨을 시작하는 복된
사랑의 문이라고 합니다.

온갖 새소리가 하느님을 찬양합니다

온갖 새소리가 하느님을 찬양합니다. 온갖 영혼들이 하느님을 찬미합니다. 우리 눈에 보이는 것은 그저 그렇습니다. 소중한 보물들은 보이지 않습니다. 우리가 눈에 보이는 수백 캐럿의 다이아몬드도 지하 깊숙이 숨겨져 있는 것을 찾아서 수많은 힘겨운 공정을 거쳐서 우리 눈에 보입니다. 지금도 마찬가지지요. 마찬가지로 보이지 않는 하느님, 예수님, 성령님, 성모님 그분들을 만나고 배알하기 위해서는 엄청난 노력과 고통과 슬픔과 불안이 있어야 찾아서 뵐 수가 있습니다. 임종이 얼마 남지 않은 수녀님께서 살아생전 성모님을 꼭 뵙기를 청했는데 기도하려는 촛불 속으로 그 뜨거운 고통을 당하며 성모님이 수녀님께 발현하셨답니다. 나는 이 고통으로 너의 고통에 동참하고 있다고 하셨습니다. 성모님은 언제나 수녀님의 그 촛불에 오셨지만 수녀님이 육적, 영적 눈이 열리니 성모님을 뵈올 수 있었던 것입니다. 임종 얼마 전까지 끊임없는 묵주 기도와 성체조배, 많은 봉사 끊임없는 연단과 시련이 있었기에 비로소 성모님을 살아생전 뵙고 천국으로 가실 수 있었다고 합니다. "우리는 온갖 고난을 겪으면서도 큰 위안을 받고 기쁨에 넘쳐 있습니다"(2고린 7:4).

깨어 일어나라

길 가다가 힘없이 죽어가는 나무를 보거나 마른 풀을 보면 마음이 아픕니다. 늦가을에 양지에 끝까지 생기를 잃지 않고 빨간 미소를 짓는 제라늄과 장미꽃을 보면 짠하고 애처롭게 보입니다. 그러나 정작 사람인 자신의 영혼이 시들고 죽어 가는 모습을 보지 못하고 한 세월 보내며 아무 감각을 느끼지 못하고 숨을 쉬고 있다면 얼마나 딱하고 슬픈 일입니까? 우리는 알 수가 없습니다. 천국에서 가끔 따분하고 지상의 행복과 풍요로운 생활로 영혼이 사막이 되어 가고 시들어 가고 말라 가는 사람들에게 천사를 보내어 상상할 수 없는 심한 재앙을 내리는 경우가 있습니다. 우리는 현실의 삶에서 그것을 목격하고 있습니다. 중국 우한 폐렴 사태입니다. 대통령부터 모든 정권 관계자들과 정부는 먼저 심도 있는 참회를 하며 눈물로 하느님께 막중한 죄악에 대한 용서를 빌어야 합니다. 그다음 중국인 유입을 차단하고 국내 이동을 자제케 하며 방역 활동에 매진해야 합니다. 이미 때는 늦었지만 지금이라도 생명을 잃고 방황하는 내 영혼을 일깨워 이 나라가 처한 국난(國難)을 극복해야 하겠습니다. "깨어나라, 내 영혼아"(시편 108:3) 하느님 말씀이 어리

석은 위정자들과 국민들이 그 영혼을 국난을 계기로 놀라
서 깨워져 하늘과 땅과 국민을 두려워하여 오만방자한 모
습에서 겸손하고 단아한 모습으로 변하길 바랍니다. 정직하
고 보편타당하게 온 나라가 바로 서기를 기도합니다. 하느
님 제 오만과 거짓을 그만 노하시고 용서하여 주소서. 이
나라 국민들에게 자비를 베풀어 주소서. 위정자들을 강하
게 치셔서 정신 차리도록 섭리해 주소서. 저희들의 잘못이
이 세상에 재앙을 주실 만하지만 의인 한두 사람을 보시고
이 나라의 역병을 거두어 주소서. 약하고 아픈 국민들만 죽
어가니 제 작은 마음이 갈래갈래 찢어지나이다. 할 수만 있
으시다면 조속히 이 재앙을 거두소서. 성부 하느님 아버지
자비를 베풀어 주소서! 성자 예수님 사랑을 베풀어 주소서!
사람마다 역사하시는 성령님, 국민 각자의 영혼을 깨워서
당신을 알게 하고 느끼게 하소서! 자애로운 성모님, 깨어난
영혼들을 위로해 주소서. 세상의 죄로 희생된 불쌍한 영혼
들에게 천국의 위로를 주소서. 더 이상 무자비한 정권들이
힘없는 국민을 괴롭게 하지 않게 정권자들에게 하늘나라
권능으로 그들의 폭거를 막아 주소서!

하느님 진노의 날

❦

"주님께서 당신의 오른쪽에 계시어 진노의 날에 임금들을 쳐부수시리이다. 온통 주검으로 채우시고 넓은 들 위에서 머리를 쳐부수시리이다"(시편 110:5~6). 우리 국민이 모두 기도로 이 난국을 이겨 나가야 합니다. 정권자의 편법, 불법, 비리를 덮으려고 온갖 지금까지 경험하지 못한 일들을 벌이더니 이제는 두 손, 두 발을 들고 꼼짝달싹 못하고 허둥대고 있습니다. 무시무시한 하느님의 진노가 세상의 임금님들을 처벌해 주신다고 합니다. 우리 국민들은 정권자들은 그분의 진노에 맡기고 스스로 목숨을 내놓고 기도로 노력으로 주님의 섭리에 모두 맡기고 우리에게 주어진 에너지를 재앙을 이기는 데 써야 합니다. 임금님 그 주위의 나쁜 사람들 모두가 하느님 진노에 굴복하고 바르게 살아야 합니다. 임금님은 이미 벌을 받고 있습니다. 신천지, 명성교회, 천주교 모두 깨어 기도하고 참회해야 합니다. 죽기까지 십자가상 예수님이 되어야 합니다. 그분의 고통과 처절함에 동참해야 합니다. 그렇지 않으면 소돔과 고모라처럼 유황 불구덩이가 이 시대에 닥쳐 모두 공멸합니다. 천주교도 개신교도 신천지 신앙 공동체가 있는데 왜 이 세상은 재앙에서 헤어나지 못하는 걸까요. 거짓과 변명이 규범과 법을 이길까요. 권력만 잡으면 초심을 잃고 아집과 욕심에 젖어 자신의 본분을 잃고 날뛸까요. 세상은 그렇게 타락하고 오염되어 하느님의 진노의 재앙을 당하고 있습니다. 죽어가는 것은 가난하고 힘없는 국민입니다. 저들은 거짓, 탈법, 비리, 사기, 도둑질을 하고도 호화 방탕하게 살아가고 하느님의 재앙도 두려워하지 않고 살아갑니다. 건강합니다. 그리고 또 그 재앙을 이용해 그 집단과 무리들을 변명하는 데 이용합니다. 하느님 무기력한 국민을 위해서는 자비를 베풀어 주소서! 힘을 자랑하며 국민들의 곤경을 좌시하는 저자들에게 알맞은 징벌을 하소서! 눈물로 호소합니다. 성부와 성자와 성령의 이름으로 아멘!

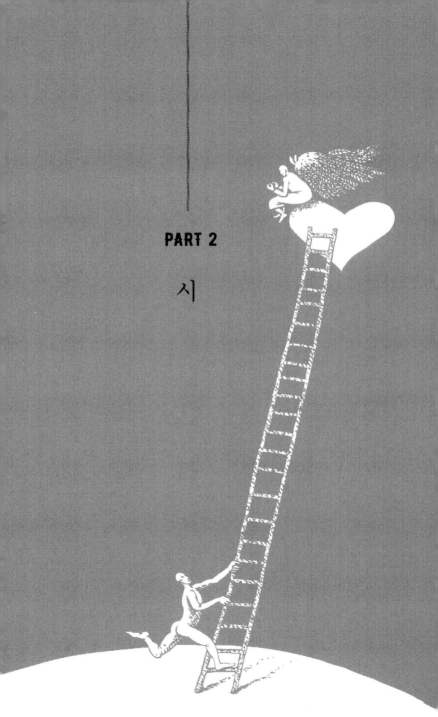

PART 2

시

엠마오 제자들

엠마오 제자들
도성의 예수님
일들을 목격해
절망과 낙담에
힘없이 걷는다

그때에 예수님
나타나 함께해
주지만 알지를
못하고 나중에
알고서 힘낸다

부활의 예수님
권력자 부자들
가난한 사람들
백성들 모두의
예수님 되지요

그분은 언제나

우리들 곁에서
계시며 우리를
이끌어 주지만
우리는 그분을
느끼지 못하고
살기에 바쁘다

우리는 부활한
예수님 제안에
계심을 인식해
정직한 가슴을
가지고 서로를
보듬고 아끼며
베풀고 삽시다

부부

부부가 살아가며
신뢰와 존경심이
사라져 사랑조차
변하여 미움으로
서로가 상처 줄 때
예수님 당신께서
자비를 내리시어
부부가 초심으로
회복케 하옵소서

과거의 잘못들을
들먹여 서로에게
상처가 깊어지지
않도록 주님께서
부부를 채근하여
희망을 되살려서
서로를 용서하며
아끼게 하옵소서

서로가 고통들은
찰나에 기억에서
지우고 미쁨들은
영구히 기억하여
평화를 누리도록
생각을 매일매일
다듬게 도우소서

미소로 서로에게
기쁨과 즐거움을
주도록 노력하여
오히려 처음보다
성숙한 사랑으로
심신이 일치하여
영혼이 성화되어
예수님 현존함을
알리게 하옵소서

부활하신 예수님

티베리아 호수 안
베드로와 요한과
제자들이 그물질
밤새도록 했지만
허탕질만 하였다

부활하신 예수님
호숫가에 오서서
제자들을 부르며
오른편에 그물을
던지라고 하신다

물고기가 그물에
수북하게 잡혔다
요한 사도 고기들
마리 수를 세어서
예수님께 밝힌다

부활하신 예수님

호숫가에 숯불을
피워놓고 물고기
가져오라 하신다
배가 고픈 제자들
구운 고기와 빵 나눠
먹으라고 주신다

부활하신 예수님
일상으로 오셔서
우리 함께하시길
바라시며 평안히
사시기를 바란다
오늘 하루 예수님
함께해서 기쁘고
행복하게 삽시다

신부님 대화

신부님 친구 신부님과
대화 중 우리가 이렇게
살다가 어느 날 죽으면
무엇이 우리게 남을까
하시니 친구 신부님 왈
예수님 부활 신앙 남지
신부들 삶의 목적이지
신부님 반성했답니다

부활의 예수님 맨 처음
만났던 막달레나 마리아
달려가 주님 제자들께
주님의 부활 말하지만
아무도 믿지 않습니다
우리도 어쩌면 예수님
부활을 믿지 못할 수도
있지만 마음으로 부활
감지해 굳게 믿읍시다

그리고 우리는 이성이
아니라 우리 마음으로
단호히 예수님 부활을
진실로 신앙해야 하며
오늘도 부활의 예수님
안에서 기쁘고 즐겁게
행복한 삶을 살아 주님
영광 빛 비추어 봅시다

부부 가정

부부가 서로가
경제적 부담을
안기지 말아야
합니다 그래서
최소한 경제적
독립을 허용해
경제적 갈등을
없애야 합니다

가정의 경제적
큰 틀은 공동체
경제화시켜서
부부가 공유해
재산을 늘리며
서로의 노동의
가치를 높여서
이웃과 나눌 수
있도록 합니다

하지만 각자가
개인적 발전을
도모해 자신의
가치를 높이는
경우는 소득의
백에서 이십은
각자가 자율로
자유로 써야만
경제적 평화가
이루어집니다

이 모든 것의
전제 조건은
건전한 소비와
상호 간 전적인
신뢰입니다
아내는 남편을
남편은 아내를
위해서 자신의
용돈을 써 줄 수
있을 때 각자의
경제적 자유를
꾸준히 누립니다

성녀

파우스티나 성녀에게
나타나시어 본 모습을
성화로 그려 공경하며
기도를 하면 기도하는
모든 것들을 이뤄지게
하시겠다고 하십니다

부활 예수님 자비 모습
하얀빛 물로 우리 죄를
깨끗이 씻고 붉은빛은
우리들에게 새 생명을
입혀 주시어 영원한 삶
약속의 상징이랍니다

부활 예수님 통하여서
구일 기도를 바치도록
가난한 이를 살피도록
자비로우신 예수님께
저희들 의탁하나이다

어떤 고통과 상처든

당신 자비와 사랑으로

감싸 안아 위로하여

기쁨과 행복 주옵소서

여인들

예수님 부활해
당신이 사셔서
존재를 사도들
따르던 여인들
나타내 보였죠

당신은 하느님
곁으로 올라가
수많은 예수님
성령님 보내서
사도와 신자들
곁에서 일하죠

성령님 임하신
사도들 제자들
지상의 예수님
되시어 병들을
고치고 마귀들
몰아내 예수님

증거를 합니다

다윗에 임했던
성령님 예수님
따르는 사람들
영육에 임하여
하느님 예수님
지상의 소임을
수행케 합니다

오늘도 당신이
선택한 신부님
수녀님 수사님
봉사자 신자들
성령님 보내어
함께해 주시어
여전히 하늘일
지상서 합니다

요한과 베드로
성령을 덧입어
용감히 당당히
예수님 선포해

하느님 메시아
세상에 알렸죠

성령과 물세례
없이는 하늘에
올라가 하느님
뵐 수가 없다고
예수님 단호히
말씀을 하신다

우리는 부활한
예수님 자비로
성령님 모시고
고통과 슬픔을
인내로 이겨내
승리의 기쁨과
행복을 누려요

복음을 전하세요

겸손한 한맘으로
정신을 가다듬고
깨어서 오늘 하루
복음을 전하세요

복음을 전하려면
예수님 보내주신
성령님 도움으로
성경과 교회 교리
지혜로 깨달아서
말씀을 선포해요

예수님 말씀으로
입술을 무장하고
가슴엔 깊은 사랑
품고서 믿음 모범
보이며 용감하게
예수님 표징으로
확신을 각인해요

신자의 인품으로
교회의 가르침에
따라서 복음 삼덕
익혀서 복음 실천
하여서 사람에게
예수님 전하시죠

부활의 예수님의
복음을 성령님과
지용덕 겸비하여
전해서 오늘 하루
주 안에 머물면서
즐겁고 행복한 삶
사시길 바랍니다

복음

하느님 사람들
세상의 피조물
지극히 사랑해
외아들 예수님
보내서 그분을
믿으며 따르는
사람들 구원해
영원한 생명을
얻도록 하셨다

어두움 버리고
빛으로 새로 나
세상을 밝히며
세상을 환하게
비추어 사람들
선하게 하여서
예수님 성령의
열매를 맺도록
열심히 살아요

고난과 슬픔을
눈물과 고통을
상처와 모함을
죽음과 모든 죄
예수님 십자가
제사로 해결해
초월적 사랑의
자비를 베푸신
하느님 은총을
느끼며 즐겁고
행복한 하루를
예수님 제자로
기쁘게 살아요

알도록 하여라

너희는 나가서
하느님 피조물
모두가 예수님
알도록 하여라

사람도 꽃들도
나무도 동물도
낮에도 밤에도
하느님 자비와
사랑을 입혀라

우주의 만물이
신자로 인하여
창조주 하느님
찬미와 찬양을
하도록 하여라

하느님 예수님
성령님 삼위여

오늘도 당신의
피조물 모두가
성령을 받아서
빛나게 하소서

그래서 피조물
모두가 조화를
이루어 서로가
기대며 도우며
아끼며 안으며
춤추게 하소서

사도들

하늘의 말씀을
전하는 사도들
붙잡아 의회에
넘기는 기득권
사람들 끝까지
견디며 하늘을
알리는 사도들

하느님 오른쪽
계시는 예수님
하느님 증언한
예수님 오해로
수난을 받았다

하지만 하느님
외아들 예수께
길흉을 화복을
생사를 당신의
피조물 운명을

예수께 맡겼다

그래서 당신의
아드님 따르는
피조물들에게
영원한 생명을
보장해 주셨다

지상의 형제들
자매들 소통이
안 되는 것들은
예수님 시대와
다름이 없단다

예수님 하늘 일
말들을 알아서
이해해 우리도
하늘과 통하는
신자가 되어서
기쁘고 행복한

오늘이 되세요

오병이어

오병이어 기적을
이루시어 오천 명
먹이시고 남아서
광주리에 담아서
열두 개나 남겼죠

자비로운 예수님
백성들을 측은히
여기시고 가난한
그들에게 음식을
마련하여 주셨죠

우리들도 언제나
예수님의 기적을
경험하며 그 덕에
살아감을 깨달아
감사하며 살아요

그러기에 예수님

직접 봬 온 사도들
보내주신 성령님
함께하여 그분을
용감하게 알려요

우리 서로 일치로
사랑으로 평화로
성령님을 모시고
예수님을 느끼며
행복하게 살아요

예수님

자비로운 예수님
하느님을 대신해
세상으로 오시어
우리들과 똑같은
인간으로 사셨죠

온갖 고생 다 하고
하늘나라 얘기를
백성에게 하시며
온갖 오해 박해를
받으서도 참았죠

하느님의 아드님
이 시기에 그분을
아시기에 그분 뜻
원하시는 일들을
온 세상에 알렸네

피조물은 하느님

말씀하는 예수님
부정하고 단죄해
하느님의 사랑을
물리치곤 하셨죠

그럼에도 하느님
피조물에 자비를
내리시어 영원히
용서하려 예수님
희생 제물 취했죠

하느님과 예수님
성령님의 지혜로
삼위 주님 사랑과
자비 인내 깨달아
공경하며 살아요

자비로운 예수님
저희에게 지혜를
내리시어 오늘도
성령 가득 취하여
살아가게 하소서

세례

보살을 찾은 적
있나요 신부님
두 분을 교리를
가르쳐 영세를
했는데 한 분만
마리아 영명을
가지고 열심히
교우로 살아요

그분이 처음에
성당에 오실 때
한 달간 성당 안
오시면 괜찮고
성당 밖 나가면
잡신이 붙어서
머리가 아파서
힘들어했대요

한 달 후부터는

머리가 맑아져
얼굴도 환하게
되어서 다른 분인
줄로 착각할
정도로 되었죠

성령님 모시니
모든 게 변하여
새 삶을 삽니다
초기의 사도들
성령님 함께해
신자들 늘어나
봉사자 부제들
세우게 되었죠

물 위를 걸으며
두려워 말라고
예수님 말하며
제자들 무서움
없애 주지요

우리의 세상도
바다와 같아서

파도가 일기도
바람이 세차게
불기도 어느 땐
고요히 잔잔해
평화를 안정을
주기도 하지요

예수님 성령님
함께이면 그러한
고난의 세상도
정겹게 기쁘게
두려움 무서움
느끼지 않고서
행복한 삶들을
영위해 가지요

여러분 오늘도
자비의 예수님
사랑의 예수님
용서의 예수님
희망의 예수님
모시고 즐겁게
새날을 살아요

적대자

스테파노 성령과
은총으로 가득 차
그 누구도 그분과
대적할 수 없었죠

적대자들 그분을
잡아 묶어 의회로
끌고 가서 거짓말
하는 중인 세워서
그분 죽일 음모를
꾸몄지만 그 얼굴
주님 영광 빛났죠

예수님이 기적을
일으키어 먹을 것
주실 것을 바라고
몰려오는 군중에
매몰차게 일침을
죽어버릴 먹을 것

찾지 말고 하늘의
영원 양식 찾아요

하느님 일 무언가
물음 대답 그분이
보내주신 예수님
믿는 것이 하느님
일이라고 단호히
따르는 자 앞에서
말씀으로 하신다

믿음으로 예수님
받아 모셔 그분을
흠숭하며 사랑해
순간순간 고백해
찬미하며 살아라
예수 제자 모든 분
한결같은 당부죠

오늘날도 교황님
주교님들 신부님
공통분모 말씀은
예수님을 믿으며

그분의 삶 배워서
그분처럼 말하고
생각하고 행하라
그리하면 평화와
부귀영화 기쁨과
즐거움이 가득해
행복해질 것이죠

특히 그분 십자가
우리들도 질 각오
해야만 거기에
희망 빛이 나오고
사랑 빛이 나오고
자비 빛이 비춘다
온 세상이 변하고
우리들도 변하죠

오늘 기적

예수님 오늘 기적
참으로 기이하다
소경 눈 뜨게 하며
땅 흙에 침을 뱉어
개어서 소경 눈에
바르고 실로암에
스스로 찾아가서
씻으라 하십니다

예수님 길이시며
진리요 생명이죠
예수님 진리의 샘
이라고 하셨어요
그분은 우리들이
목적지 정하기를
바라며 당신 친히
그 길이 되시어서
우리가 그 길 찾길
바라고 계시지요

그래서 길 못 보는
소경을 고쳐주어
그 길을 보게 하고
그 길을 걷게 하게
병든 발 고쳐 주며
예수님 진리의 샘
가는 길 알려 준다

기도와 묵상으로
가끔은 그분에게
대들어 보십시오
죄책감 갖지 말고
하느님 친히 만든
여러분 보기 좋다
하셨던 그분에게
처해진 현실들을
아뢰어 보이시고
세상의 빛이 되게
해달라고 하십시오

빛이신 그분 앞에
당당히 빛이 되길
청하며 진리 샘을

찾도록 해 달라고
청하며 그분의 명
따르며 행복하게
사시길 바랍니다

돌아와라

하느님 우리들을
당신께 돌아오라
호세아 예언자를
통하여 말씀하죠

회개를 촉구하며
인자한 하느님께
돌아와 살아가라
그래서 복 받으며
평화 속 살아가라

예수님 율법 규정
완성된 말씀하죠
한 분인 하느님을
마음껏 목숨 바쳐
정성껏 힘 다하여
하느님 사랑하라

똑같이 네 이웃을

자신을 사랑하는
것처럼 사랑하라
새 계명 율법학자
앞에서 우리 주님
예수님 선포하니
그 학자 감명 받고
예수님 친구 되어
하늘에 큰사람이
될 거라 하십니다

은혜의 회개의 때
눈물의 참회 함께
주님께 돌아가서
새 계명 마음 새겨
주님을 사랑하고
이웃을 사랑하며
평화로 아름답고
기쁘게 살아가요

지상의 하늘나라

예수님 바리새인
마귀의 베엘제블
이라고 무고하며
치료의 은총들을
무고해 예수님께
아픔을 드립니다

예수님 고유 비유
논리로 반박하며
당신께 돌아오면
미소로 답합니다
남들이 고집하면
옹고집 비난하고
자기가 고집 피우면
개성이 강하다고
남들이 신부님께
잘하면 알랑방귀
자기가 잘하는 것
신심이 두터운 것

이처럼 우리들은
유대교 바리새인
되어서 살아가고
있는지 성찰하며
선하고 착한 마음
가지고 형제들을
보듬고 사랑하며
기쁘고 행복하게
살도록 해야지요
비난과 모함 없고
무시와 질시 없이
진실이 액면대로
먹히는 우리 사회
되도록 기도하며
나부터 믿음으로
살아야 하늘나라

율법 완성은

예수님 당시에는
유대교 바리새인
예수님 모세 율법
파괴자 낙인찍어
모함을 했습니다

예수님 오늘 말씀
당신이 율법 규정
없애려 원치 않고
오히려 완성하러
왔다고 하십니다

하느님 율법 규정
바르게 가르치는
사람은 하늘나라
큰사람 될 거라고
하면서 모세 전한
하느님 율법 규정
지키라 하십니다

하느님 슬기 지혜
그곳에 있으므로
하느님 율법 규정
배워서 익히도록
후예들 전하라고
우리게 명하시죠

주님의 말씀에는
영원한 생명 있고
말씀을 따른다면
지혜와 슬기 얻어
사랑을 실천하는

예수님 바라시는
신자가 된답니다

용서

일곱 번 용서하면
됩니까? 그 열한 배
용서를 해야 한다

주인께 만 달란트
빚진 것 탕감 받은
사람이 백 일 치 품값
빚진 자 핍박하여
옥서에 보냅니다

소식을 전해들은
주인은 그 사람을
불러다 만 달란트
갚기 전 너는 감옥
있으라 명합니다

용서란 자기 자신
사랑의 증표이며
고난을 벗어나는

유일한 길입니다

강호순 연쇄살인
마수에 걸려들어
살인된 미카엘라
아버지 신자로서
강호순 용서하여
부활절 시기 맞춰
영세를 받게 했네

참으로 하느님의
사랑은 깊고 깊어
살인마 변화시켜
당신의 자녀로서
눈물로 참회하며
살아갈 기회 주네

우리도 기도로서
단식을 함으로써
자선을 실행하며
나에게 잘못한 이
무조건 용서하여
품으며 사랑하세

교회 전례

전례의 조력자
해설자 독서자
성당과 가정에
성실한 모범적

신자를 선정해
충분한 교육과
준비 후 임해야
한다고 합니다

믿음이 탄탄해
기도로 행실로
말씀과 사랑을
실현해 신자를
이끌어 줄 수가
있어야 합니다

그러나 모든 건
주님이 하시니

미사의 조력자

해설자 독서자
봉사자 모두는
주님이 쓰시는

도구적 임무를
수행만 잘하면
은총이 됩니다

성가

성가는 가사로
곡조로 두 번의
기도가 됩니다

성가는 하느님
예수님 성령님
성모님 천사들

성인들 찬양과
찬미와 흠숭의
노래들입니다

성가는 전례력
주님 날 대축일
따라서 알맞은
선정을 합니다

성가는 미사를
기쁘고 즐겁게

절기에 알맞게

부르게 준비해
하느님 신자들
사이에 은총이

최고가 되도록
해주는 최상의
가교가 됩니다

그래서 깨끗한
순수한 단순한
맘으로 준비해

성령님 도움을
속에서 선하게
불러야 합니다

전례

전례는 하느님
신자들 사랑의
소통들입니다

사랑은 교만을
감싸서 겸손을
자아내 줍니다

사랑은 음란을
품어서 정결을
만들어 냅니다

사랑은 탐욕을
가려서 나눔을
나타내 줍니다

사랑은 탐식을
감싸서 절제를
하도록 합니다

사랑은 질투를
품어서 관대함
따르게 합니다

사랑은 화냄을
달래서 온유를
이끌어 냅니다

사랑은 나태를
버리고 근면을
배게 합니다

오늘 복음

오늘 복음 탕자 비유
말씀으로 신부님도
천국 삶의 기쁜 희망
가져볼 수 있답니다
소탈하고 겸손하신
신부님 맘 좋습니다

찾아가서 아버지께
말하리라 아버지여
저 하늘과 아버지께
큰 잘못을 했나이다

아버지는 아들 맞아
품에 안고 춤을 추며
소 잡아 잔치하며

기뻐하고 지난 일을
남김없이 잊습니다

인자하고 너그럽고
이해하고 포용하고
사랑하고 품어주는
좋으시고 부자이신
아버지는 아들에게
좋은 옷을 입혀주어
그의 신원 알립니다

오늘 하루 넉넉하고
자비로운 아버지께
모든 것을 의탁하며
평화롭고 용서하는
삶 되길 바랍니다

노인

노인대학 강의를
일 년에 칠십 번
나가시는 신부님
늙을수록 예쁘게
아름답게 곱게
나이 들어가야지
하는 생각합니다

만나 보면 얼굴에
어르신들 연륜이
살아오신 그대로
표현되었답니다

사랑하라 강의를
하고 나서 식사 때
한 자매가 급한 일
있다면서 줄 양보
부탁해도 화내고
고래고래 소리를

지르고 만답니다

누구든지 그러한
마음으로 사는지
모를 일이랍니다

우리들은 예수님
소작인들입니다
착한 신자 소작인
선한 신자 소작인
예수님의 소작인
신망애덕 잘 갖춘
신자 되어 세상의
빛과 소금 됩시다

주님을 본받아

주님이 자비로우니
우리도 자비를 베풀어
그분을 증거합니다
계산도 이기도 없이
무조건 용서합니다

주님이 관대하시니
우리도 밥 되어 주며
그분을 증거합니다
실수도 잘못도 감싸
무조건 이해합니다

주님이 거룩하시니
우리도 단식을 하며
그분을 증거합니다
이유도 조건도 없이
사랑을 실천합니다

성가

교황님 위에
전례가 있네
전례의 핵심
성가대이죠

성가는 노래
아니라 주님
성령님 함께
하시는 찬미
찬양이 되죠

하느님 기뻐
하시고 천사
성인들 모두
성가를 듣고
흡족해 기뻐
하시게 되죠

그래서 성가

부르는 우리
예수님 안에
하나가 되어
화합을 이뤄
영광의 성가
올려야 하죠

형제애

형제에게 바보 하면
대법정에 서게 되고
멍청이라 말을 하면
지옥 불에 던져지죠

비속어가 난무하는
이 세상에 경고한
하느님의 말씀이다
심한 욕설 갖은 모욕
주고받고 하는 세태
맞지 않는 말씀이죠

멸시하고 비하하는
이 세태에 그 말조차
하지 말라 경고하는
하느님의 말씀이죠
왕따 하기 살인 방조
그런 죄를 짓지 말라
타이르는 말씀이죠

형제자매 서로 함께
배려하고 격려하며
사랑하고 안아주며
희망 주고 평화롭게
살라고 한 말씀이죠

지난 모든 죄악 씻고
정결하고 아름다운
새 맘 새 몸 덧입어서
죄인에서 의인되어
이 세상을 변화시켜
하늘나라 만들라는
하느님의 바람이죠

산다는 것

사랑하며 산다는 것
고통 슬픔 이겨내며
깊은 시름 달래 가며
십자가를 가슴 깊이
담고 사는 것입니다

이해하며 산다는 것
화냄 욕설 눌러 담고
깊은 고뇌 정리하며
십자가를 마음 깊이
담고 사는 것입니다

믿음 갖고 산다는 것
모욕 비난 참아내며
아픈 상처 싸매면서
십자가를 생각 속에
담고 사는 것입니다

청을 드리면

청하기 전에
현재의 삶을
사랑해 만족
하면서 청을
드리면 모두
화답을 받죠

구하기 전에
주어진 것에
감사해 그것
사랑해 기뻐
하면서 구해
주시면 얻고
구하게 되죠

문 노크 전에
마음을 비우고
깨끗한 태도
가지고 문을

열려고 하면
천국 문까지
열리는 기적
나타나 보죠

나는

나는 관대하다
나는 자비하다
나는 사랑이다
나는 거룩하다
나는 주님이다

너는 참회하라
너는 절제하라
너는 극기해라
너도 사랑해라
빨리 돌아와라

함께 기도하자
함께 나아가자
함께 힘써보자
함께 사랑하자
함께 살아가자

기도

신자들 시간 없고
바빠서 기도할 수
없다고 한답니다

예수님 시대나
오늘날 기도하는
문제가 대두되어
신자와 제자들이
고민이 많았지요

예수님 아름답고
명쾌한 기도 방법
가르쳐 주십니다

신부님 주님처럼
간단한 기도 방법
가르쳐 주십니다
아침에 일어나면
예수님 오늘 하루

주서서 감사해요

저녁에 자기 전에
하루의 모든 일정
함께해 주시어서
예수님 고마워요

이러한 기도들은
아무리 분주해도
누구나 할 수 있는
기도라 하십니다

기도문 주님 기도
그러한 연경기도
바치면 좋겠지만
힘들면 간단하게
기도를 끊임없이
하라고 하십니다

물속에 빠졌을 때
예수님 살려줘요
위험에 노출될 때
예수님 살려줘요

이러한 것들 모두
기도라 하십니다

사순절

회개와 단식을
실행해 세상의
유혹을 이기고
신앙을 새롭게
밝히는 사순절

예수님 사람들
똑같이 악마의
꼬드김 받지요
예수님 유혹을
받지만 단호히
물리쳐 버리죠

우리도 유혹이
산재한 세상에
살면서 기도와
재계로 꼬드김
내치고 지혜로
분별로 바른길

가도록 하여요

우리는 이렇게
기도를 해봐요
예수님 우리를
안내해 세상의
유혹을 벗어나

기쁘고 행복한
부활을 준비로
맞이케 하소서

십자가

예수님 무죄로
십자가 사형을
받고서 십자가
지시고 골고다
골짜기 가시죠

힘겨워 첫 번째
넘어지셨죠
지치신 예수님
성모님 상봉해
피눈물 흘렸죠

시몬이 예수님
대신해 십자가
져줬죠 여제자
예수님 얼굴을
세수해 드렸죠

두 번째 넘어져

우셨네 부인들
예수님 만나서

그분의 위로를
받았죠 그리고
또다시 세 번째
넘어져 지쳤죠

입은 옷 벗겨짐
모욕을 당했죠
그리고 십자가
죽음을 맞았죠
제자들 시신을
내려서 무덤에
엄숙히 모셨죠

성모님

화해의 성모님
십자가 예수님
어머니 제자에
맡기니 사람들
어머니 되셨죠

구원의 문이며
죄인들 피난처
자비의 모후님
성모님 별명들
우리들 어머니

성모님 사람들
사랑을 하시죠

아담 죄 단절된
하느님 사람들
예수님 십자가
그 옆의 성모님

하느님 사람들
화해케 하셨죠

인류의 어머니
온누리 어머니
어머니 통하여
하느님 사람이
되시어 구세주
예수님 오셨죠

그리고 십자가
선혈과 고통을
두 분이 나누며
예수님 성모님
사랑과 용서를
인류에 주셨죠

단식

사순 시기 단식을
신자들이 하시죠
사순 단식 실천적
단식이야 하시죠

예수님식 단식을
이사야서 통하여
우리에게 알려줘
실행하게 하지요

멍에 내려 편하게
구금자들 해방을
억눌린 자 자유를
목마른 자 해갈을
배고픈 자 음식을
차려 주라 하시죠

그래야만 단식이
그 효과가 있대요

그런 후에 하느님
뜻에 따라 사랑을
실천하고 자비를
나타내는 가까이
살고 있는 사람부터
조건 없이 용서를
해주어야 합니다

오늘 하루 기쁘고
행복하게 진실한
사순재계 지키며
많은 은총 자비를
받으시어 사랑을
주고받고 살아요

선과 악

선과 악은 공존해요
자유의지 선물 받은
사람들은 순간마다
선과 악 중 선택하죠

생과 사는 공존하죠
생명의 빛 안에서는
선행들이 행해지죠
죽음 그늘 안에서는
악행들이 일어나죠

빛과 어둠 공존하죠
아름다움 향기로움
정의 평화 기쁨 행복
빛 속에서 이뤄지죠

부끄러움 모든 악취
불의 혼란 슬픔 불행
음란 과욕 화냄 질투

어둠에서 솟아나죠

우리들은 순간마다
빛과 어둠 생명 죽음
선행 악행 선택하며
살아가는 신자이죠
하느님은 사랑으로
자유의지 주시었죠

사순 시기 잘못 선택
바로잡고 참회하여
하느님의 고귀하신
용서 자비 선물 받아
자유의지 참다움을
나타내어 하느님께
기쁨 행복 드려야죠

흙과 사람

흙에서 왔으니
흙으로 돌아갈
생각을 하면서
사순절 지내며
사람의 본질을
생각해 보시죠

하느님 자비와
용서와 사랑을
온전히 느끼며
그분께 지은 죄
철저히 속죄해
보속을 해야죠

가난한 이들을
헐벗은 이들을
병든 이들을
외로운 이들을
불쌍한 이들을

찾아가 도와요

살아갈 이유를
살아갈 목적을
살아갈 마음을
온전히 하느님
그분께 초점을
맞추어 보지요

십자가 고통을
십자가 슬픔을
십자가 눈물을
십자가 죽음을
똑똑히 기억해

모두가 눈물로
마음을 찢으며
참회로 온 마음
다 바쳐 예수님
십자가 공로로
부활을 꿈꾸며
사순절 살아요

고통 인정

신부님 아버님
암 투병 고통 중
모르핀 주사를
피하고 고통을
온전히 느끼며

온화한 미소로
문병을 받으며
십자가 예수님
바라며 사시다
편안한 선종을
조용히 맞지요

십자가 신비를
보이며 위대한
십자가 사랑을
증거한 선종은
고귀한 것이죠

재의의 수요일
철저한 통회와
순수한 자선과
보속을 행하여
행복한 사순절
거룩히 살아요

주님의 목소리
소중히 들으며
마음을 깨끗이
씻어내 마음 창
해맑게 해봐요

천국 이야기는 제가 살짝 죽었을 때 본 것과 그곳에서 만난 천사들의 이야기들과 지상에서 예수님을 닮은 사제들이 선포하는 하늘나라가 흡사하다는 생각에 내게 된 책입니다. 순수한 사람이 살아가는 이야기이며 지상 생활과 천국 생활이 상호 밀접한 관계가 있음을 알게 되어 지상의 신자나 비신자들과 공유하고 싶었습니다. 우리가 흔히 말하는 지상 생활은 고통스럽고 난관이 많아 행복하지 않다고 합니다. 그래서 많은 사람들이 하느님을 믿으면 지상에서 힘들더라도 하늘나라에 희망을 두고 살면 지상에서 겪는 고통과 슬픔을 이겨 나가기 쉽다는 종교 지도자들의 말씀을 믿고 천국만을 꿈꾸며 살게 됩니다. 그러나 천국은 누구에게나 허락된 하느님의 자비와 사랑으로 존재하는 실재 세상입니다. 그러나 사람은 누구나 한정된 지상 생활을 마치고 오는 순서와는 달리 천국으로 가는 순서가 없습니다. 그 진리는 오직 사람 누구에게나 공평하고 정의로운 길입니다. 그래서 지상 여정이 중요합니다. 우리 인류는 창조주 하느님의 무한한 사랑과 자비로 자유의지를 얻게 되었습니다. 당신이 믿든 안 믿든 누구에게나 기쁨과 행복을 보장합니다. 그리고 누구에게나 눈비를 내려 인간이 지상 생활에서 불편하지 않게 해 주셨습니다. 다만 각 사람에게는 인류가 함께 번영할 지혜와 재주를 주어 공동체를 이루며 살기를 원했습니다. 그러나 인간은 탐욕을 부리고 창조주에게 반항하는 삶을 살아가서 인류의 기술과 과학문명은 진일보했으나 인간의 삶은 점점 피폐하고 온갖 범죄가 난무하고 윤리적, 도덕적 타락은 극에 달하고 있습니다. 특히 권력자들은 극단적인 이기심과 불법 타락으로 일반 국민들을 괴롭게 합니다. 정의를 불의로 바꾸고 공평을 불평으로 만들고 권력자의 입맛에 따라 하느님까지 조종하려고 합니다. 그런 현상은 작은 교회에서부터 시작하여 교황이 움직이는 전 세계 교회가 권력화되어서 오히려 그들의 목적을 위하여 하느님 예수님까지 배신하는 행위로 현 권력자들을 이용하기도 합니다. 중국이나 북한은 종교의 자유가 없습니다. 그런데 그런 나라의 법과 규칙을 들여와서 우리나라에 적용하여 자유 대한민국의 근본까지 흔드는 일에 사용하고 있습니다. 국민들은 안중에도 없고 자기파와 자신들의 안위와 번영을 추구할 뿐 모든 일을 권력으로 법과 원칙을 무시하고 하느님을 버리고 세상의 영화만을 따릅니다. 그들은 죽어서 영원히 꺼지지 않는 유황불 속에서 살게 됩니다. 하느님이 주신 권력은 선하고 아름답게 사용해야만 합니다. 그 법칙을 어긴다면 죽어서 우주의 미아가 되어 버립니다. 그래서 천국 이야기를 보여 줌으로써 세상을 통치하는 사람들이 개과천선하여 국민을 진정으로 사랑하도록 나침반을 제시하고 다함께 지상에서도 행복하고 사후 새로운 세상에서도 평화와 행복을 누릴 수 있도록 하고팠습니다. 모든 국민들의 행복을 빌면서 이 책을 펴냅니다.

2020년 3월

진목 배상